KB050206

리더의 자존감 공부

리더의 자존감 공부

김대식 지음

처음부터 완벽한
리더는 없다

자존감 높은 리더의
따르게 하는 힘!

해의시간

3장   마음을 읽어내는 사람만이 가질 수 있는 리더의 이름: 자존감 공부법 I

4장 리더에게 필요한 자기 사랑의 원칙: 자존감 공부법 II

5장 마음을 읽어내는 리더(Reader)가 자격을 갖춘 리더(Leader)가 된다

1장

남과 비교하지
않아도 되는
나만의 가치

나 같은 사람도
리더가 될 수 있을까?

"강의 잘 들었습니다. 저도 강의를 하고 싶은데, 저 같은 사람도 강사가 될 수 있을까요? 저는 이제껏 여러 사람 앞에 서 본 경험조차 없어요. 사람들을 재밌게 할 재주도 없고요."

강의를 하면 사람들로부터 흔히 받게 되는 질문이다. 이런 질문을 받으면 나처럼 강의를 하고 싶다니 반갑고 기쁘기도 하지만 한편으론 안타까운 마음도 든다. 이 질문을 가만히 들여다보면 자신의 가치와 능력은 축소하면서 다른 사람의 경험이나 능력은 대단한 것으로 확대해석하는 모습을 찾을 수 있다. 그에게 있어 강의 경험이 없다는 것은 사실이겠지만 능력과 자격에 대한 겸손한 평가는 자기만의 잣대에 불과하다. 자신의 능력을 제한시키는 왜곡된 생각인 것이다.

"안녕하세요? 저도 작가가 되고 싶어요. 하지만 저는 남들처럼 블로그에 글을 쓰거나 다른 사람에게 보여준 경험조차 없어요. 사람들을 재밌게 할 소재나 감동하게 할 경험도 없고요. 그래도 책을 쓸 수 있을까요?"

이 질문은 내가 책 쓰기 전문가의 강의를 들은 후, 그를 찾아가 던진 것이었다. 우습지 않은가? 우리는 남이 가진 잠재 능력은 잘 찾아내고 그 능력을 알아차리지 못하는 상대를 보며 안타까워하면서, 정작 내게 잠재된 능력은 미처 보지 못하거나 알아도 하찮게 여긴다. 학습자에게 내가 받은 질문과 책 쓰기 전문가에게 내가 던진 질문은 모두 같은 성격의 것이다. 한 사람은 강사가 되고 싶어 하고, 나는 책을 쓰고 싶어 하지만 두 사람 모두 아직 경험이 없다는 이유로 한 걸음 내딛기를 주저하고 있다.

모두가 알고 있는 것처럼 자신의 가치, 능력, 통제에 관한 주관적 평가를 자존감이라 한다. 리더십 교육 중에도 이와 유사한 질문을 자주 받는다.

"저는 뛰어난 리더들과는 거리가 먼 평범한 직장인입니다. 제겐 그들이 가진 권한(통제권)이나 능력이 없어요. 저

같은 사람이 그들처럼 존경받는 리더가 될 수는 없지 않나요?"

그의 잣대로 보면 그렇다. 지금의 그는 빌게이츠나 스티브 잡스처럼 위대한 기업을 일구지 않았고, 앙드레 지드처럼 노벨문학상을 받은 작가도 아니며, 이순신 장군처럼 백전백승을 거둔 경험이 없다. 그래서 많은 이들이 다른 사람의 잘난 점과 나의 부족함을 비교하며 지레 겁을 먹는다. 하지만 잣대가 다르면 평가도 다르다. 그러므로 나와 타인의 능력과 자질에 대한 성급한 비교와 평가는 잠시 유보할 필요가 있다. 다음 두 사람을 보고 과연 이들은 리더가 될 자질이 있는지 생각해보자.

첫 번째 A의 경우다. A는 어린 시절 수업시간에 자위행위를 하다 학교에서 쫓겨났다. 이후 성인이 되어 사촌 누나를 흠모하였고, 사촌과의 결혼을 반대하던 어머니가 세상을 뜨자 곧장 사촌 누나와 결혼해버렸다. 하지만 사촌 누나의 몸에는 털끝 하나 손대지 않았다. 그런 그가 아내 몰래 절친했던 친구의 딸과 관계를 맺고, 자식을 낳았으며 아내가 죽을 때까지 딸의 존재를 철저히 비밀로 남긴 이중생활을 했다. 만약 A와 같은 사람이 사회 모순을 개혁하는 활동에 참여하거나, 자기의 철학으로 책을 쓴다면 후세 사람들에게 그의 행동이나 책이 긍정적 영향을 줄 수 있을까?

두 번째는 L의 경우다. L은 그의 속마음을 그대로 적은 일기장에 동료인 K에 대하여 다음과 같이 표현했다. "K란 놈은 음흉하기 짝이 없으며, 간사하기 이를 데 없다. 헛소문 내기를 좋아하여 믿을 구석도 없다. 온갖 거짓 공문으로 사람을 속이고 공무 중에 관용 배에 여자들을 태우고 다니며 부적절한 관계를 가진 놈이다. 내가 지난번에 상사에게 벌 받은 일도 K가 상사에게 고자질했기 때문이다." 이후 동료인 K가 죽었을 때 L은 그를 애도하는 단 한마디의 말도 일기에 남기지 않았다. L과 같은 옹졸한 사람이 우리 조직의 리더가 된다면 좋은 성과를 낼 수 있을까? 사람들은 이 사람을 리더로 따르고 존경할 수 있을까?

첫 번째 사례인 A는 소설가로서 노벨문학상을 받은 앙드레 지드(Andre Gide)다. 그는 육체적 욕망을 악마로 간주하던 엄격한 청교도 집안의 홀어머니 밑에서 자랐다. 금욕적인 어머니의 영향으로 일생을 죄의식에 사로잡혀 지냈다. 데카르트, 니체, 쇼펜하우어의 영향을 받은 그는 '인간을 억압하는 것은 신이 아니라 인간이 스스로 부과한 도덕과 윤리'라는 뜻을 갖게 되고, "신은 개인의 행복과 즐거움을 누리며 살도록 허락했다."라는 신념으로 작품 활동과 사회 활동에 참여했다. 특히 타민족을 착취하고 정당화하는 식민

지주의에 끊임없이 문제를 제기하여 많은 지식인과 대중의 동조를 얻었으며, 카뮈와 사르트르 등 문학가들에게 사상적 영향을 끼친 리더로 추앙받고 있다.

두 번째 사례인 L은 이순신 장군이다. 난중일기에 적힌 내용인데, 원균(K)에 대한 부정적 표현이 42회 이상 언급될 정도로 비난했던 모습을 엿볼 수 있다. 이순신 장군에게도 이처럼 누군가를 깎아내리며 감정을 숨기지 않고 드러내는 인간적인 모습이 있었다. 난중일기가 완역되어 그동안 알려지지 않았던 내용이 새로 밝혀짐으로써 몇몇 모습에 실망하는 사람도 있겠지만, 그것으로 리더의 자질이 없다거나 그의 리더십을 의심하는 사람은 없다. 그는 성과와 자질에서 변함없이 존경받는 인물이며 영향력 있는 리더다. 오히려 완벽하지 않았던 인간 이순신의 모습이 한층 매력적이지 않은가.

과연 전인적으로 완벽한 리더가 존재할 수 있을까? 자존감 높은 리더는 인격적으로도 완벽하게 훌륭해야만 할까? 미시간대학교의 로버트 퀸(Robert E. Quinn)은 한 개인의 객관적 조건이 그 사람을 리더로 만드는 것은 결코 아니라고 주장한다. 그는 리더의 존재 양식을 '일반적 상태(Normal State)'와 '근원적 상태(Leadership State)'의 두 가지로 구분했다. 평소 사람들은 자기만을 위하는 이기적인 모습을 자주 보이고, 타인의 시선을 의식하여 행동한다. 또한 익숙한 방식에 심리적 안정을 느끼기에 과거 방식에 머물고자 한다. 이러한 상태를 '일반적 상태'라고 한다. 이 상태는 아직 리더로서의 존재 양식을 갖추지 못한 상태로 상대적으로 낮은 자존감을 보이는 단계이다. 하지만 일반적 상태에 머물지 않고 공동의 이익을 위한 보편적 가치와 목적에 따라 행동하는 모습을 더 자주 보이는 리더가 있다. 이렇게 이기적 목적이 아닌 보편적 목적을 따르는 리더를 가리켜 '근원적 상태'에 있다고 말한다. 근원적 상태의 리더는 대체로 자존감이 높지만, 만약 자기를 사랑하는 정도가 지나쳐 자기애만 높은 이기적인 리더라면 진정한 의미의 자존감 높은 리더라고 볼 수 없다. 진정한 의미의 '자존감 높은 리더'는 이기적인 자기애 상태를 넘어 보편적 가치로 타인을 존중하며 서로의 자존감을 지켜주는 리더다. 일반적으로 자존감이 높은 리더는 자기를 솔직하게 직면하는 인고의 시간을 가지며 그것을 성장의 기회로 삼는다. 전인적으로 완벽할 수는 없어도 그와 같은 노력을 더 자주 보이는 사람이다.

사람들은 앙드레 지드와 이순신 장군이 완벽한 리더여서 존경하는 것이 아니라, 우리와 같은 일반적 상태에서 근원적 상태로 옮겨가려는 잦은 시도와 노력이 있었기에 존경하는 것이다.

강의 경력 20년인 내게도 강사의 능력과 자질이 부족하다는 생각에 자존감이 추락한 경험이 있다. 아내에게 상처 주는 것을 넘어 이혼당할 위기를 겪고, 그 과정에서 욕설을 내뱉기도 했다. 이 일이 있고 난 뒤에도 나는 사람들 앞에서 으레 '갈등'이나 '소통'을 주제로 강의해야 했다. 그것은 위선이었다. 중요하게 여겼던 신념과 하고 있는 행동이 다르니 일체감을 느낄 수도 만족감을 얻을 수도 없었고, 당연한 이야기지만 당당하게 사람들 앞에 설 수도 없었다. 강의를 완벽하게 끝마치지도 못하고, 수강생들의 반응은 늘 좋지 않았다. 그날 이후 더는 그 기업에 출강을 갈 수 없었다. 스스로 무가치하다 여기고, 위선자라는 생각을 떨쳐버리지 못한 채 사람들 앞에 서는 것만큼 힘든 일도 없다. 스스로가 수치스러워 자존감이 바닥을 치고 더는 잃을 것도 없다는 한계에 직면하였을 때, 그래서 못난 나를 그저 받아들일 수밖에 없을 때, 나는 오히려 가벼운 마음이 들었다. 자포자기의 마음으로 있는 그대로의 나를 인정하자 용서를 구할 용기가 생겼고 자기 비하 대신 자기 수용의 가능성을 맛볼 수 있게 되었다.

　　약점에 붙잡혀 있는 것과 약점을 인정하고 받아들이는 것은 다르다. 자기에 대해 정확히 인지하되 자기비하에 시간과 에너지를 써버리기보다 '그럼에도 불구하고' 그런 자신을 수용하는 것이 진정으로 건강한 방식이다. 강의에 대한 평가를 못 받아 출강 기회가 끊겼을 때 '능력이 없어 더 이상 강의를 못 하겠다'라는 생각보다 '그럼에도 불구하고 어떻게 하면 강의를 더 재미있게 할 수 있을까'를 생각했고, 해결 방안을 찾는 일에만 몰두했다. 사람들이 어떤 강의법을 재미있어 하는지 연구하고, 학습한 내용 중에서 맞지 않는 것은 버리고 내 몸에 꼭 맞는 것을 찾아 강의에 적용했다. 그렇게 나는 강사에게는 사람들을 재미있게 하는 개인의 타고난 능력이나 재주도 필요하겠지만, 그들이 관심 가질 이슈를 찾아 스스로 학습에 참여할 기회를 마련해 주는 노력이 더 중요하다는 태도를 갖추게 되었다.

함현식의 《찌질한 위인전》에는 평범하다 못해 보잘것없어 보이는 위인의 이야기를 소개하고 있다. 위인인 그들도 지워버리고 싶은 과거가 있었고 미래에 대한 불안이 있었다. 우리가 본받고 배우려는 위인들도 지금 우리의 삶과 크게 다르지 않았다. 위인의 지질함은 그래서 뜻밖의 위안이 된다. 나와 당신의 지질함도 그렇다. 그러니 우리의 지질함은 함부로 대할 것이 못 된다. 우리는 아직 진행형이다. 어쩌면 죽을 때까지 완성될 수 없을지도 모른다.

몇 년 전, 중국의 한 여행지에서는 반쪽짜리 미완성 작품이 내 발걸음을 멈추게 했다. 거대한 암벽에 새겨진 장관같은 조각들을 지나, 내 걸음이 멈춘 곳은 왼쪽 끝자락이었다. 그곳에는 석공이 채 마무리하지 못한 미완성의 돌조각이 그대로 남아 있었다. 평생에 걸쳐 조각을 하던 석공이 그곳에 이르러 죽음을 맞게 되면서 남겨진 작품이다. 멋진 상체와 달리, 허리 아래부터는 미처 다듬지 못한 돌덩이가 그대로 남아 있었다. 나는 완성된 작품보다 조각가가 살아온 삶의 흔적을 느끼며 고개를 숙였다.

우리의 삶도 그렇다. 완벽함이나 성과 그 자체가 아니라 살아온 이야기에 더 성숙한 의미와 가치가 있다. 그러니 보이는 모습만으로 내리는 섣부른 판단은 보류해야 한다. 우리 자신을 저평가하지 말자. 결과로만 평가하고 평가받던 삶을 치워버려야 한다. 암벽에 남겨진 미완의 조각상이 더욱 가치 있는 것처럼 완벽하지 않아도 '내가 살아온 흔적과 나만의 이야기'로 당신은 충분히 의미 있는 삶을 살고 있다.

일반적 상태와
자존감 높은 리더십 상태

리더십은 고정된 것이 아닌 유동적 상태이다. 일반적 상태보다 근원적 상태에 더 자주 머물려는 노력을 통해 자존감 높은 리더로 성장한다. 그러므로 리더십은 진행형이다.

1. 일반적 상태(Normal State, 아직 리더의 존재 양식을 갖추지 못한 상태)

자기의 가치를 굳건히 하지 않아 다른 사람의 평가 기준을 의식한다. 타인에게 좋은 평판을 얻고 싶어 그들의 기대와 욕구를 충족시키고자 노력하느라 자기다운 삶을 충분히 살지 못하고 있는 상태다. 그러므로 외부의 가치와 규범에 머물러 익숙한 방식을 답습하고 모험이 될 만한 것을 시도하지 않는다. 무능하다는 피드백을 받고 싶지 않아서 새로운 자극이나 학습을 피하지만 그럴수록 미래가 두려워진다. 자기애가 강하지만 자신의 욕구에 집착한 나머지 다른 사람의 욕구와 관심을 등한시하는 아직 낮은 자존감 상태다.

2. 근원적 상태(Leadership State, 리더로 성장하는 상태)

이 상태에서 리더십을 발휘하는 사람은 자기의 가치와 목적에 따라 행동하지만 타인의 가치도 존중한다. 열린 사고로 새로운 것에 호기심을 가지며 외부의 피드백을 있는 그대로 수용하고 배운다. 또한 진심으로 가치 있고 의미 있는 일에 몰입한다. 사람들의 가치에 휘둘리기보다 자신의 정체성, 신념, 가치, 행동에 일체감을 가진다. 이기적인 자기애를 넘어 공동의 이익과 선을 존중하며 타인의 불행과 고통에도 책임을 느낀다. 타인을 존중하는 이타적인 삶의 태도로써 주변 사람들과 함께 자존감을 높여 선순환을 이루는 진정한 의미의 자존감 높은 리더다.

리더 [명사] 일에 눌리고
사람 사이에 끼어있는 사람

'가격 대비 성능'의 준말인 '가성비'라는 단어는 소비자가 지급한 가격에 비해 제품 성능이 얼마나 큰 효용을 주는지를 나타내는 용어다. 이 용어를 리더십에 대입시켜 생각해보면 이런 것이다. 리더인 내가 투입한 노력에 비한 성과나 효과는 어떠한가. 보다 구체적으로 리더의 두 가지 역할인 일 관리와 사람 관리 중 어디에 더 많은 에너지를 쏟고 있으며, 가성비가 더 높은 것은 무엇인가. 즉 내가 투입한 에너지와 노력에 비해 성과나 효과가 명료하게 나타나는 것은 무엇이고, 노력만큼 결과가 나타나지 않는 것은 무엇인가.

사람에 따라 다르지만 분명 다수가 일과 사람 중 에너지가 치우치는 한 가지를 쉽게 고를 것이다. 우리가 단순 소비자라면 효용이 떨어지는 제품에는 비용을 지불하지 않는 게 현명하다. 하지만 리더십에 있어서는 일과 사람 중 어느 하나를 버리거나 가볍게 여길 수 없다. 리더는 사람들의 도움을 받아 어떤 일이 '되도록' 영향력을 행사하는 사람이기 때문이다.

무한도전이 종영되어서야 김태호 PD는 그간의 속마음을 터놓았다.

"큰 특집을 하고 나면 제작진들이 소진돼서 다음 주 특집을 준비하는 데 너무 힘든 경험을 했습니다. 칭찬해주시는 글보다 더 두려웠던 게 다음 주 방송이었습니다. 머릿속에는 온통 '다음 특집을 어떻게 할까'라는 생각뿐이었습니다."

더불어 그는 유재석 씨가 종영 후 공허하지 않을까 걱정이 앞선다고도 했다. 김태호 PD의 모습을 보면 성과를 내면서 사람도 챙겨야 하는, 오늘날 리더의 고충이 고스란히 느껴진다.

무한도전 회차 중 유재석이 혜민 스님에게 고민을 털어놓는 장면이 있었다. 유재석은 '뭘 하면 재미있을까'가 가장 큰 고민이라고 털어놨다. 혜민 스님이 "재밌지 않으면 안 돼요?"라고 묻자, "한 주 정도는 그럴 수 있지만 매주 시청률이라는 성적표가 나오고, 시청률이 저조하면 함께 일하는 멤버들과 일을 오래 못 하게 될까 봐 염려되고, 몸이 안 좋아 쉬고 있는 멤버에게 '힘내'라는 말밖에 할 수 없어 힘이 든다."라고 토로했다. 어쩌면 그가 담배도 끊고 헬스를 다니기 시작한 것은 한 프로그램의 리더로서 일과 사람을 모두 챙겨야 한다는 심리적 압박 때문이었을 것이다. 이처럼 리더란 하나의 업무를 성공적으로 마무리하는 것으로 그 역할이 끝나는 것이 아니라 그다음의 성과를 내면서 사람도 챙겨야 하는 자리에 앉는 것이다.

새로 리더로 승진한 사람들을 대상으로 한 강의가 있을 때면 그들의 고민을 들을 수 있다. 팀원이던 시절에는 자신에게 주어진 일만 열심히 하면 되었는데 리더가 되고 보니 일보다 사람에 대한 고민이 더 많아지더라는 이야기다. 어떤 일을 어떻게 맡길지도 고민이고, 기대했던 결과가 나오지 않을 때 싫은 소리 하기도 어렵다고 한다. 사람과의 관계에 더 많은 에너지를 빼앗겨서 이제는 그냥 참거나 삭혀버리게 된다는 고충을 토로한다. 시간적 여유가 있다면 차라리 본인 혼자 모든 일을 했으면 좋겠다는 속내도 보인다. 상사와 후배 사이에 끼어 상사의 지시를 전달해 후배를 설득해야 하고, 후배의 문제나 고충을 말끔히 해결할 권한은 또 없어서 한숨이 절로 나온다고 한다. 결국 사람에 대한 문제가 더 힘들다는 말이다. 일보다 사람에서의 가성비가 더 낮다는 이야기도 된다.

　강의 현장에서 직접 들은 리더의 입장과 고민을 간추려 보면 아래의 표와 같다. 리더의 가성비 영역에서 어떤 것들이 낮은 효용성을 보이는지 알아보자.

1	마음을 열지 않거나 자기 생각을 드러내지 않는 사람과의 대화
2	상대평가 제도에 따른 저성과자의 면담
3	질문을 하면 방어적이고 단답형으로 대답하는 직원
4	본인의 문제는 모른 채 동료의 문제점만을 지적하는 직원
5	다른 동료와 비교하며 자기의 성과를 내세우는 사람과의 대화
6	일반적이지 않은 감정으로 반응하는 사람 다루기
7	고충을 물어보면 힘든 점도 없고, 할 말도 없다고 하는 경우
8	평가 결과에 대해 이해가 되지 않는다는 직원 납득시키기
9	전문적인 업무를 하는 직원의 질문에 대답을 잘 못 해주는 경우
10	불평불만이 많고, 대화 중 부정적인 반응을 보이는 직원과의 대화
11	기대 전달과 다르게 일하는 직원에게 피드백하는 일
12	대답은 하지만 건성으로 답하며 진정성이 없는 사람

13	설명을 해줘도 이해하지 못하여 내가 문제인지 그가 문제인지 모를 경우
14	직원의 개인적 사정에 관하여 물어봐야 할 경우
15	대답은 잘하지만 실행은 하지 않는 것이 반복되는 직원
16	고령(고경력)의 후배, 저연령의 상사와의 관계
17	피면담자가 면담을 거부하는 경우(평가에 대한 불신)
18	의욕이 없는 직원에게 동기부여 하는 일
19	일은 열심히 하지만 계속 문제를 일으키는 직원(성실하지만 역량이 낮은 경우)
20	직원의 고민을 해결해 줄 권한이 없는 경우
21	직원이 업무 목표에 동의하지 않을 때 합의하는 일
22	자신에게만 유리한 업무만 하거나 협업하지 않으려는 직원
23	다른 부서로 전배 보내야 할 사람을 선정하는 일
24	업무 경험이 적어서 적절한 사례를 들며 설명할 수 없는 경우
25	직원 간의 갈등을 중재하는 일

리더의 고민을 살펴보면 일 자체보다 사람과의 관계에서 어려움을 토하는 내용이 많다. 사람의 마음을 읽고 소통하는 일은 많은 에너지가 투입되면서도 기대만큼 좋은 결과

를 얻지 못하는 경우가 태반이다. 그러다 보니 위의 고민 중 대개가 피하고 싶어도 피할 수 없는 만성적인 문제가 된다.

"피할 수 없으면 즐겨라." 로버트 엘리엇(Robert S. Eliet)이 《스트레스에서 건강으로》에서 언급했듯 리더에게 사람과 일에 대한 스트레스는 피할 수 없는 숙명이다. 그는 도망갈 수도 없는 스트레스에는 맞서 싸우려고 하기보다 흘러가는 대로 두고 자기를 더 아끼고 사랑하라고 조언한다. 사실 어느 리더가 사람에 대한 고민 없이 리더 역할을 해낼 수 있을까? 어느 리더가 일에 눌리지 않고도 리더의 자리에 오래 앉아 있을 수 있을까? 일하면서 경험하게 되는 시간 압박, 과도한 목표, 동시다발적인 업무, 부족한 일손, 성과로 나타나지 않는 일, 과제를 해내도록 사람을 설득하는 일 등이 리더에게는 모두 '도전적인 과제'들이다. 하지만 수많은 리더가 그럼에도 불구하고 "가장 많이 배우고 스스로를 성장하게 만든 것은 무엇인가?"라는 질문에, "당시에는 힘들었지만 '도전적인 과제를 수행한 경험'이 리더로 성장하는 데 큰 도움이 되었다."라고 말한다.

내 뜻대로 할 수 없는 사람에게서 받는 실망, 원망, 배신, 불신, 분노, 억울함 또한 리더에게는 결코 쉽지 않은 고통이다. 그러나 아이러니하게도 "리더로서 감동 받고 행복했던 경험은 무엇인가?"라는 질문에도 마찬가지로 "잘 된 직원이 내 덕분이었다고 해줄 때와 직원들과 함께 어려운 일을 해내고 맥주 한잔 기울일 때."라고 말한다.

만 명 이상의 리더를 만나 보니 누구도 일과 사람의 고민에서 자유롭지 않다. 고민을 해결할 수 있는 능력과 권한을 모두 가진 사람도 없다. 하지만 일과 사람에 대한 도전적 과제를 피할 수 없을 때, 현명한 리더들은 원치 않는 일을 맡더라도 자기만의 방식으로 의미를 부여하고 주도적으로 할 것인가, 마지못해서 할 것인가를 생각한다. 스스로 동기 부여 하는 가장 효과적인 방법은 자신이 하는 일에 '의미'를 부여하는 것이다. 1990년대 애리조나주의 어느 양로원에서 진행한 연구에서 건강하게 장수하는 노인들은 대부분 시설 사람들이 시키는 일에 순응하기보다 자기 힘으로 생활하는 사람이었다.

효과적인 리더는 의미부여와 주도적 행동으로 에너지를 얻으며 성장한다. 사람과 일에 치여 사는 나의 삶이 불행하다 느낀다면 "즐길 수 없으면 피하라."라고 말한 방송인 유병재 씨의 말을 선택하고, 일의 의미를 부여하고 주도적으로 행동할 수 있다면 로버트 엘리엇의 "피할 수 없으면 즐겨라."를 선택하자. 리더가 될지 말지도 당신의 선택이다.

바꿀 수 없는 70보다
바꿀 수 있는 30에 집중하다

종이 한 장을 준비하고 내가 살아온 과정을 다음 안내에 따라 곡선으로 표현해보자. 먼저 종이를 가로지르는 선 하나를 그려 놓고, 어릴 때부터 현재에 이르기까지의 기억을 더듬어 곡선으로 그려본다. 즐겁고 행복한 기억은 위로 향하도록 그리고, 어려웠거나 실패했거나 뭔가 잘 풀리지 않았던 기억은 아래쪽으로 내려가도록 그린다. 그래프 모양의 결과를 보면서 운이 좋거나 나빠서 생긴 일과 내 노력과 선택의 영향으로 일어난 일을 구분해서 점검해보자.

결과적으로, 당신의 삶은 운과 노력이 각각 얼만큼씩을 차지하고 있는가? 삶의 경험에 따라 다르겠지만 '운칠기삼

(運七技三)'이란 말이 있다. 이는 전체를 100이라 했을 때 운이 70이고 노력이 30이라는 말이니 노력보다 운이 더 많이 작용한다는 뜻이 된다.

운칠기삼은 원래 중국의 포송령이 쓴 《요재지이(聊齋志異)》에서 나왔다. 한 선비가 자기보다 못한 사람들은 과거에 급제하는데 어째서 자기만 다 늙도록 급제를 못 하고 있냐고 옥황상제에게 묻자 옥황상제는 선비에게 다음과 같이 제안한다.

"정의의 신과 운명의 신이 술내기를 하여 정의의 신이 이기면 선비가 옳은 것이고, 운명의 신이 이기면 더 이상 따지지 말고 돌아가라." 선비는 그 제안을 수락했다. 운명의 신과 정의의 신이 내기한 결과, 운명의 신은 술을 7잔 마시고 정의의 신은 3잔밖에 마시지 못했다. 이에 옥황상제는 "세상사 대부분의 일이 운명의 장난에 따라 행해지는구나, 하지만 3푼의 이치로도 행해지는 법이니 운수만이 모든 것을 지배한다는 생각은 버려라."라는 말로 선비를 타일러 돌려보냈다고 한다.

여기서 우리는 옥황상제의 마지막 말을 다시 새겨볼 필요가 있다. "3푼의 이치로도 일이 행해지는 법이다."라는 말은 모든 일이 운에만 달려 있다기보다 어느 정도는 내가 하기 나름이라는 것을 뜻한다고 볼 수 있다.

반면 아인슈타인은 "99%가 노력이고, 1%가 영감에 의한 것이다."라고 했으니 표면적으로는 개인의 노력에 더 많은 점수를 주고 있다. 하지만 이 말의 숨은 의도를 찾아보면, 노력이 필요하긴 하지만 아주 적은 숫자인 1%의 영감이 결정적인 실마리가 되어 문제를 해결한다는 솔직한 고백이기도 하다. 단지 겉으로 드러난 큰 비중의 숫자인 70%의 운이나 99%의 노력도 중요하다. 그러나 때때로 비교적 작은 비중인 30%의 노력이나 1%의 영감이 우리의 삶과 문제 해결에 중요한 실마리가 될 수도 있다.

마음속으로 선택한 숫자대로 결과가 나오도록 주사위를 던질 수 있는가? 나는 리더십 워크숍 참가자들에게 주사위를 한 번씩 던지게 하였다. 주사위 1부터 6의 각 숫자에는 룰을 정해놓고, 해당 숫자가 나오면 그 규칙에 따라 행동하기로 했다. 가령 숫자 1이 나오면 '자리에서 일어나 자기 이름을 크게 부르며 사랑한다고 외치기'와 같은 식이다.

주사위를 던진 뒤의 행동을 지켜보면 크게 두 가지 유형으로 구분할 수 있다. 한 유형은 주사위 숫자에 따라 자리에서 벌떡 일어나 열정적으로 자기 이름을 크게 외치는 부류고, 다른 유형은 쑥스러워하며 마지못해 하거나 성의 없는 행동을 보이는 집단이다. 이 활동을 통해 확인할 수 있는 사실은 비록 주사위 숫자는 의지에 따라 통제할 수 없지만, 각자의 행동만큼은 의식적으로 행할 수 있다는 것이다. 또한 그 행동을 선택한 것은 결국 전적으로 개인의 몫이라는 사실이다.

일반적인 리더십은 타인에게 영향력을 행사하는 것이지만, 내가 나를 통제하며 스스로의 삶에 영향력을 행사하는 리더십을 '셀프리더십'이라고 한다. 셀프 리더로서 자기 삶에 통제권을 행사하는 방법은 운 70%보다 낮은 비중(30% 랄지, 1%랄지……)일지라도 스스로가 할 수 있는 것을 찾아 나서거나 실행하는 것이다. 운이 70%이거나 90%인 것의 비율은 그다지 중요한 것이 아니다. 내가 내 삶의 주인이 되려면, 적은 비중일지라도 변화 가능한 것에 주의를 기울여 영향력을 높여 가는 것이 훨씬 중요하다.

유도 경기마다 한판승으로 승리를 하던 최민호 선수는 연속되는 3등 콤플렉스의 덫에 걸려 있었다. 아테네 올림픽 경기에서 동메달을 딴 이후로 큰 경기에서 3번, 작은 경기에서 연달아 동메달을 땄다. 안타까운 기억이지만 스스로와 대면해보니 자신도 모르게 3등은 안 된다는 부정적 느낌에 사로잡혀 있음을 깨달았다고 한다. 그는 마인드컨트롤을 통해 성과가 좋았던 경기에서의 감각을 더듬어 이미지 트레이닝을 했고, 그 결과 3등 콤플렉스에서 벗어났으며, 베이징 올림픽에서 한판승으로 금메달을 거머쥐었다.

이처럼 운의 방향을 돌린 사례와 운에 관한 도서 속에는 공통점이 있다. 우선 내 문제가 무엇인지 직면하고, 그에 머물지 않고 '영감적 행동(내가 할 수 있는 30% 혹은 1%)'으로 나아가는 것이다. 실수나 실패를 불운과 같은 외부의 탓으로 돌리면 내 마음속 아픈 부분을 건드리지 않아서 조금 편해질 수야 있다. 하지만 외부의 탓으로만 돌리며 내 마음을 보지 않으면, 자칭 '운 없음'이라는 늪에 빠져 불운 콤플렉스를 떠안게 된다. 어려울지라도 나를 수용하기만 하면, 운 없음에 더 머물 필요가 없다. 70%의 운에서 빠져나와 나를 바라보면 내가 할 수 있는 3%가 보이기 시작한다.

두 가지를 기억하자. 첫째는 직면해서 수용하기, 둘째는 '운 없음' 빠져나와 객관적으로 나를 바라보기다. 이 두 가지가 기존 상태에 변화를 주는 핵심 방식이다.

환경부터 바꾸어 완전히 다른 삶을 살게 된 벤저민 하디(Benjamin Hardy)는 그의 저서 《최고의 변화는 어디서 시작되는가》에서 자신의 환경이나 행동부터 바꾸는 쉬운 변화 방식을 권하고 있다. 통제할 수 없는 70%의 외부환경이 우리 심리에 영향을 미치고 있다면, 우리가 할 수 있는 30%에 해당하는 환경을 의도적으로 바꾸어보는 것이다. 새롭고 흥미로운 장소에 머물거나 멋진 사람들과 함께할 때, 새로운 영감을 받고 의욕을 느끼지 않던가? 조명이나 가구의 위치에 작은 변화를 줘도 좋고, 마음에 드는 카페나 특정 장소에 가서 작업해도 좋다. 먼저 내가 선택할 수 있는 '쉬운 환경'을 바꾸어보는 것이다. 그다음 동기를 촉진하는 행동을 찾아보자. 가령 어떤 일을 시작하기에 앞서 음악부터 듣거나, 양치부터 하거나, 달리기를 하고 찬물에 샤워하는 등 심리 변화를 가져오는 자기만의 행동을 하는 것이다.

얼마 전 일본의 한 요양원이 TV에 방영되었다. 요양원에 있는 한 노인은 삶에서 스스로 통제할 수 있는 것이라고는 별로 없었다. 그럼에도 노인들은 각자 자기가 잘하는 무언가를 하며 셀프리더십을 발휘하고 있었다. 한 분은 뜨개질로 다른 분은 요리로 할 수 있는 것을 했다. 단지 누군가의 도움만 받으며 사는 것이 아니라 스스로 자기가 할 수 있는 무언가로 타인에게 이바지하며 자존감을 유지했다. 1990년 미국 애리조나주 산타페의 양로원에서 진행된 연구에서도 건강하게 잘 지내며 장수한 노인들은 환경에 순응하는 노인 그룹과 달리 '파괴분자'라고 불리는 그룹이었다. 이들은 자기 마음에 맞게 가구(환경)를 배치하고, 규율에 저항하며 자기방식대로 식단을 바꾸어 먹는 행동을 보였다. 그들은 할 수 있는 30%를 선택하며 사는 셀프리더였다.

정신과 의사 크리스토프 앙드레(Christophe Andre)가 "행동하지 않는 것은 주로 자존감이 낮은 사람들의 전형적인 레퍼토리다."라고 했듯이, 자존감이 낮은 사람은 '안 되는' 이유를 나쁜 운이나 외부 탓으로 돌린다. 그러면서 안 되는 이유를 방패 삼아 행동하지 않는다. 간혹 데이트할 돈이 없다는 이유로 사람을 사귀지 않는 젊은이도 있다. 사람을 사귀지 않으니 머리 감을 필요도 없다. 머리를 감지 않았으니 지금 당장 연인을 만날 기회를 마련해 줘도 바로 낚아채지 않는다. 안 되는 여러 이유를 들어 들어온 기회도 날려버린다. 몸은 청년이지만 '파괴분자'라고 불리던 양로원의 노인보다 무기력한 삶이다.

우선 누워있는 지금의 자리(환경)에서 3%만 움직여 이불부터 걷어차 보자. 이불을 걷어차면(행동) 3% 움직여 일어나기 쉽고, 일어나면 3% 움직여 세수하기 쉽다. 세수부터 하다 보면 머리 감는 것도 수월해지고, 머리를 감았으니 밖으로 나가기 쉽고(환경), 밖으로 나가면 사람 만나기가 수월해지고, 사람들을 만나다 보면 이성 친구도 만나고, 그렇게 새로운 사람을 만나면 새로운 세상(환경)도 보게 되고, 새로운 세상을 접하다 보면 눈이 번쩍 뜨이는 영감도 만날 수 있다. 눈이 번쩍 뜨이는 영감을 받으면 덩달아 가슴이 뛰게 되고, 가슴이 뛰면 내가 가진 나머지 3%를 어떻게 사용할지 궁리하게 된다. 궁리하고 나면 그다음부터는 이

불을 걷어차고 벌떡 일어나는 행동은 저절로 내 것이 된다.

놀랄 것도 없다. 이렇게 내가 가진 나머지 3%에서 시작된 행동을 통해 삶의 변화가 시작되는 것이다. 3%의 영향력이 어느새 30%가 되고, 30%의 내가 할 수 있는 것을 행했으니 나머지 70%의 운은 오롯이 나의 편이다. 누구나 알아듣기 쉬운 설법으로 유명한 성담(性湛) 스님은 "호흡하듯이 하면 좋은 운이 내게로 온다."라고 말씀하셨다. 호흡(呼吸)은 숨을 내쉬고 들이쉬는 일로, 먼저 밖으로 숨을 내보내면 들어오는 것이 진리이듯, 내가 먼저 '감사한 마음'을 내뱉으면, 들숨처럼 좋은 운이 자연스럽게 내게로 들어온다.

옥황상제께서 그러시지 않았나. 운이 모든 것을 지배하는 것은 아니며 3푼의 이치도 내가 하기 나름이라고. 남 탓과 불운 탓에 고여 있지 말고, 내가 가진 3%를 먼저 찾아 하기 쉬운 환경부터 바꾸고 행동하라.

통제 소재와
지각적 입장

통제 소재(Locus of Control)

개인이 자기에게 영향력을 행사하는 자기리더십 혹은 자율적 리더십을 셀프리더십이라한다. 타인에 대한, 타인에 의한 것이 아닌 스스로 통제하고 행동하는 리더십이다. 셀프리더십은 외부 환경과 운을 핑계로 삼는 입장에 있어서는 영향력을 발휘하기 힘들다. 내가 내 삶에 영향 미칠 수 있다는 '내재적 통제 소재'의 관점이 필요하다.

내적 통제 소재(internal locus of control)를 가진 사람은 모든 것을 스스로 통제할 수 있고, 선택하기 나름이라고 생각하며, 외적 통제 소재(external locus of control)를 지닌 사람은 자신의 행동이 운명과 같이 스스로의 통제를 넘어선 힘으로 달라진다는 관점을 가지고 있다. 지각하는 입장이 달라지면 삶도 달라진다.

지각적 입장(Perceptional Position)

1차 입장 : 자기의 주관적 신념과 가치(생각이나 감정)로 상대방과 세상을 이해하는 위치.

2차 입장 : 다른 사람의 신발을 신고 그의 위치에서 그의 눈과 마음으로 나를 보는 위치.

3차 입장 : 주관적 견해에서 벗어나 전체 상황을 관조하는 관찰자의 중립적 위치. 자기를 객관화하여 피드백을 얻거나 직관, 지혜를 얻을 수 있는 위치.

4차 입장 : 너와 나는 모두 연결된 존재인 우리, 하나로 보는 위치. 그러므로 너의 아픔은 곧 나의 책임이라는 생각으로 사랑하고, 미안하고, 용서를 구하며 존재만으로 감사함을 느끼는 위치.

문제없는 인생을 꿈꾸지 마,
그런 건 없어

　새해맞이 산행을 마치고 내려오는 길 어느 사찰 담벼락에 노란 리본들이 흔들거리고 있었다. 길게 드리워진 줄을 따라 저마다의 소원을 적은 리본이다. 호기심에 하나씩 읽어 보니 "수능 합격 기원", "취업 기원", "건강 기원", "사업 번창 기원"이 눈에 띈다.

　사람들의 소원은 결코 새로운 것이 아니다. 매년 특별할 게 없는 같은 내용들이다. 일이 쉽게 풀려가기를, 무탈하기를 반복해서 기원한다. 그만큼 우리 삶은 어떤 일이 벌어질지 앞날을 예측하기 어렵거니와 예측한다 해도 뜻대로 되는 것은 없다는 이야기일 것이다. "아빠 집에 일찍 들어오게 해 주세요."라고 적힌 소원도 있었는데, 주 52시간 근무제가 시작되었어도 누군가에게는 여전히 문제가 있나 보다. 온라인 미디어에서 세대별 고민을 조사한 결과를 보면, 10대는 진로적성과 대인관계, 20대 대학생은 취업 진로, 30대는 직장과 동료, 40대는 경제와 직장, 50~60대는 취업과 정신건강, 부부 문제가 주된 고민이었다. 이렇게 보니 사찰에 걸린 소원 리본처럼 인생은 합격, 취업, 결혼, 사업, 건강 등 끊임없고 반복적인 것들의 연속인가보다.

"몸에 병이 없기를 바라지 마라."라는 부처님 말씀이 있다. "몸에 병이 없으면 마음이 교만해지고 탐욕이 생기기 쉬우니, 몸의 병으로써 마음에 좋은 약을 삼으라."는 말이다. '잔병치레하는 사람이 오래 산다'는 말처럼 잔병이 많은 사람은 자신의 몸에 더 많은 관심을 가지고 조심하며 건강을 관리할 수 있게 된다. 결국 '문제'는 그 핵심에 더 다가가는 기회가 될 수 있다. 그러니 문제를 기회 삼고, 더 나은 결과의 신호이자 정보라고 생각해보자.

"억수로 운 좋은 사람 김대식입니다."
· 소위 훈련 중 늑막에 물이 차 군병원 침대 생활(동기들과 함께 자대 배치를 받지 못함)
· 미도파 교육담당으로 연수원 이동 중 추락 및 전복사고

(주민의 도움으로 탈출)

· LG인화원에서 학력 콤플렉스, 열등감 등 낮은 자존감으로 도망치듯 사직서부터 제출
· 가정 위기와 갈등으로 최악의 시간을 보냄
· 맥박이 갑자기 빨라지는 빈맥(심장병)으로 운전 중 졸도 (불안에 시달림)

　나는 강의를 시작하는 첫 슬라이드에 경력이나 자격에 대한 소개 대신 삶의 여러 문제에서 회복된 경험을 소개한다. 그리고 이어서 이러한 문제들이 오히려 내 삶에 기회와 선물이었음을 스토리텔링한다. "군 병원에 입원한 덕분에 면회를 와준 여성과 결혼하게 되었으니 잘된 일이고, 연수원으로 이동하다 죽음의 문턱에 섰을 때 교육을 평생의 업으로 삼아 살아가라는 의미로 받아들여 천직이 되었으니 더욱 잘된 일이며, 대기업에서 느낀 무능감과 열등감 때문에 대학원 진학을 하게 되었고, 아내와 갈등 덕분에 상담 공부를 하게 되어 사람의 마음을 좀 더 알아가는 기회가 되었습니다. 편히 숨쉬기 어려웠던 빈맥 덕분에 마음껏 걸으며 호흡할 수 있는 것에 감사할 수 있으니 난 정말 운 좋은 사람이 분명합니다."

　'문제는 정보이고 기회며 선물이다' 이것은 불행과 실패

를 해석하는 나의 방식이다. 그러면 어떤 문제라도 나의 행복을 좌절시킬 수 없게 된다.

개인의 문제보다 조직의 문제는 훨씬 더 복잡하다. 조직에서는 '문제'와 '해결'만 있다고 봐도 과언이 아닐 정도로 일상이 문제 해결 과정의 연속이다. 그러므로 어느 조직에서든 리더가 갖추어야 할 자질로 '문제 해결 역량'이 요구되지만, 수많은 리더를 대상으로 하는 문제 해결 워크숍을 진행하다 보면 문제 해결 역량이 있는 리더와 그렇지 않은 리더가 쉽게 눈에 보인다. 문제 해결 워크숍은 보통 어떤 문제가 있고, 그 원인이 무엇인지를 파악하는 단계부터 시작한다. 이때 두각을 나타내는 리더가 있다. 이른바 '평론가형' 리더다. 이들은 안 되는 이유에 해당하는 '~ 때문에'의 목록을 잘 내놓는다. 하지만 문제 해결을 위해 구체적인 대안을 찾는 단계에서는 말수가 급격히 줄어든다. 비판적인 사고에는 능하지만 구체적 대안이 필요한 건설적 사고나 실행력은 상대적으로 약한 것이다. 마치 사무실 환경이 지저분하다고 문제를 지적하면서도 문제를 해결하기 위해 휴지를 버리지 않거나 줍는 행동은 하지 않는 사람들과 같다.

평론가형 리더와 달리 문제 해결을 위한 대안을 찾아 실행안을 만드는 단계에서 두각을 나타내는 리더가 있다. 남들이 '때문에'를 말하면서 비판에 열을 올릴 때, 이들은 '그럼에도 불구하고'나는 무엇을 해야 하는가를 찾고 행동으로 옮기는 '문제 해결형'리더다.

두 사람의 차이는 이렇다. 아파트 입구에 설치한 차량 차단기 때문에 소방차가 진입을 제때에 못하고 문제가 발생했을 경우 '평론가형'은 화제에 대한 아파트 주민들의 인식 부족이 문제라고 지적한다. '문제 해결형' 리더는 아파트 관리사무소에 가서 소방서 차량번호 등록을 요청한다. 그리고 현장에 나가 실전 테스트까지 하고 온다. 이처럼 문제나 사건 자체보다 그 문제를 바라보는 관점의 차이가 문제 해결에 중요한 열쇠다.

그렇다면 문제 해결형 리더들은 문제를 어떤 관점에서 바라보기에 다른 행동을 보이는 것일까? 인간의 탁월성을 체계적으로 연구한 학문이 NLP(Neuro-Linguistic Programming, 신경 언어 프로그래밍)이다. NLP는 언어학, 심리학, 문화 인류학, 컴퓨터공학 등 각 분야에서 탁월성을 보인 리더들이 문제를 어떤 관점에서 바라보며 해결하는지를 'NLP 전제 조건'으로 정리했다. 우리가 삶의 여러 문제에 직면할 때마다 이 관점에서 그것을 바라보면 그것에서 한결 가벼워지거나 문제 해결의 실마리도 얻을 수 있다.

- 문제가 있다는 것은 변화와 창조의 기회를 가지는 것이다.
- 망가지고, 망쳐버린(broken) 사람은 아무도 없다. 그렇게 생각했을 뿐이다.
- 실패는 나쁜 것이 아니고, 피드백(Feedback)과 배움이 남을 뿐이다.
- 모든 인간의 행동에는 긍정적인 의도가 있다.
- 에너지는 집중하는 곳으로 흐른다.
- 누군가 할 수 있다면 나도 할 수 있다.
- 인간은 실제에 반응하는 것이 아니라, 실제라고 생각하는 것에 반응한다.
- 사람은 언제 어디서나 자신에게 최선인 선택을 한다.

서정진 셀트리온 회장은 IMF 외환위기 때 실업자였다. 그 역시 문제에서 기회를 찾은 인물이다. 그는 세계적인 고령화 문제를 보면서 바이오의약품 사업에서 미래 기회 요인을 찾았고, 약 3년 뒤 대우자동차의 옛 동료와 셀트리온을 창립했다. 서회장은 "세상에 실패란 단어는 없으며 아직 성공하지 않은 것만 있을 뿐."이라고 말했다. 서정진 회장이 위에 소개한 NLP 전제조건을 이미 알고 있었던 것인지는 알 수 없으나, 수많은 리더는 이러한 관점에서 문제를 바라본다.

체중이 증가하는 문제로 좋은 식습관을 갖기 위해 100 일의 프로젝트를 진행했다. 매일 의식적으로 행동한 결과 6kg을 감량했다. 그러나 프로젝트가 끝나고 일상으로 돌아온 어느 날 체중이 다시 늘어난 것을 보았고, 파도처럼 식탐이 밀려왔을 때는 6kg의 감량이 한방에 무너져 내리는 모래성처럼 보였다. 앞으로도 파도가 밀려오면 그때마다 반복해서 무너져 버릴 거란 생각을 하니 "나는 문제야, 다 망가졌어, 실패했어, 다시 시도해봐야 모래성처럼 또 허물어지고 말 거야."라는 무기력한 생각만 들었다.

이 문제를 'NLP 전제조건'에 대입시켜 3차 입장에서 탐색해보았는데, 그 결과 "모래성은 허물고 또 쌓는 과정이 재미있는 것이다. 파도가 밀려와서 허물면 더 재밌다. 그러니 모래성을 또 쌓자!"라는 동기를 얻을 수 있었다.

삶은 문제의 연속이며 문제 해결 과정에 있다. 문제를 피해 도망가도 거기에는 또 다른 형태의 문제가 기다리고 있고, 파도는 계속 몰려온다. NLP의 전제 "인간은 실제에 반응하는 것이 아니라, 실제라고 생각하는 것에 반응한다."와 같이 문제의 대부분은 그것을 해석하고 반응하는 우리의 태도에서 온다. 해결책 또한 이처럼 생각을 바꾸는 것에서 찾을 수 있다. 아이러니하지만 문제가 있어 삶의 의미가 더 빛나기도 한다. 지금 눈앞의 시련이 달갑지 않아 도망치고 싶더라도 그것이 언젠가는 나를 빛나게 하고 성장하게 만드는 자원으로 쓰인다.

민낯으로 마주하는
눈물 나는 용기

'범생'으로 살던 그가 그런 일탈을 하게 될지는 본인도 몰랐다. 본사에서의 생활은 잠시였고, 신규 사업을 시작하고 지방에 1호점을 출점하면서 그는 주말부부가 되었다. 처음에는 식구들과 떨어져 생활해야 하는 것에 부담을 느꼈지만 몇 개월간 실업자였던 그로서는 번듯한 직장과 할 일이 있다는 것만으로도 감사해야 했다. 낯선 곳이지만 함께 내려간 사람들과 삼시 세끼를 같이 하다 보니 적응하는 것은 그리 어렵지 않았다. 프로젝트 초기 멤버라는 자부심으로 시간 가는 줄 모르고 일하다 보면 어느새 주말이었다. 처음에는 주말마다 집을 오갔지만 매주 오가는 일이 만만치 않아 점차 격주로 올라가게 되었다. 시간이 가면서 가족과 함께 사는 사람들이 생기고 그들은 각자의 거처를 얻어 숙소를 떠났다. 그 또한 회사와 가까운 곳, 허름한 여관에 장기 투숙으로 거처를 옮겼다. 잠만 자면 될 듯싶어 가까운 곳을 택했지만, 오래되어 낡은 여관 곳곳에는 불쾌와 우울을 자아내는 흔적들이 남아 있었다. 흔들리는 좁은 창틀, 누렇게 얼룩지고 촌스러운 종이 벽지, 방을 가로지르는 주황색 빨랫줄, 화장실에 놓인 플라스틱 바가지와 물통에 받아 쓰는 세숫물. 잠에서 깨면 벗어나고 싶은 곳이었다.

출점 프로젝트에서 일하는 사람은 누구나 그렇듯 일복 터진 사람들이 모였다고 보면 된다. 오픈 예정일이 임박하면서 직원은 수백 명으로 늘었고, 협력사까지 포함하면 인력이 천명에 달하는 규모가 되면서 많아진 업무량에 누구 하나 한가한 사람이 없었다. 그러다 보니 일과가 끝나는 늦은 시간이면 회사 근처의 횟집과 맥줏집은 하루의 피곤함을 푸는 직원들로 채워졌다. 숙소 근처 어디를 가도 얼굴을 알아보는 사람들. 게다가 인심도 좋아 빈자리만 있으면 한잔 걸치고 가라는 분위기였다.

성공적인 출점과 프로젝트에 기여한 공으로 그도 승진을 했다. 거기서 끝나지 않고 그가 맡은 분야가 경쟁사보다 더 좋은 성과를 내자 신규부서의 파트장으로 부임하는 상승

세를 탔다. 상사의 두터운 신임으로 방송, 소비자 상담, 문화 센터까지 총괄하면서 말 그대로 잘 나가는 사람이 되었다. 하지만 일에서 인정받아 동기부여가 되어도 퇴근 후의 삶은 그렇지 못했다. 때 묻는 벽지를 멍하니 바라보고 있을 때면 혼자 이렇게 사는 게 맞나 싶었고, 그 시간과 공간을 외로움으로 채워갔다. 숙소 밖으로 나가면 알아보는 누군가를 만나게 되고 그의 손에 이끌려 술자리에 합석할까 싶어 좁은 방을 나서기도 마땅치 않았다. 집에 안부 전화를 해도 별일 없이 잘 지내는 아내와 아이들의 목소리만 들릴 뿐이었다. 여기까지가 범생의 일상이다.

범생으로 살아온 그에게 일탈은 낯설고 두려운 것이기도 했지만, 지금껏 착한 아이처럼 살며 자기를 구속했던 틀을 깨고 새로운 자기를 발견하는 경험이기도 했다. 착한 중학생이 담배 피는 날라리 고등학생으로 크고 그런 자신을 대견스러워하는 꼴이었다. 어머니의 기대에 맞추고, 아버지의 권위에 눌려 꼬박꼬박 10시 이전에 집으로 들어가야 했던 대학생 때의 그런 '범생'이 더 이상 아니고 싶었다. 호기부리는 사람들 축에 낄 수 있는 통하는 남자이고 싶었다.

그러나 그는 일탈의 초짜였고 실패했다. 이제 그는 돌이킬 수 없는 상황에 놓였다. 누군가의 원망과 분노를 온몸으로 받으면서 버티는 일만 남았다. 누가 뭐라고 하기 전에 스스로 고개를 들고 당당하게 살아갈 자격이 없다는 것을 깨달았다. '호사다마(好事多魔)'라고 했던가. 승승장구하던 그는 보기 좋게 추락했다. 사주 관상을 보는 사람들의 말을 빌리면 '대운'이 들어올 때 권력, 명예, 돈, 이성 등 모든 것이 함께 들어온다고 한다. 그런데 본인이 그것을 감당할 만큼의 수양이 없으면 오히려 본인을 쳐내는 '충과 파'로 작용한다는 것이다.

잘 나가는 것 같던 삶이 이렇게 추락하기란 헛웃음 나올 정도로 쉽다. 공들여 쌓아온 지난 노력은 한순간에 물거품이 되고 힘써 온 모든 것들이 바닥으로 무너져 내린다. 남는 건 수치심, 좌절, 자기 비난, 자기 학대뿐이다. 스스로 가치 없다고 생각하는 사람이 선택할 수 있는 것은 몇 가지 없다. 도망가거나 사라지거나 둘 중 하나다. 이혼해서 도망가던지, 혹은 모든 것을 끝내는 극단적인 선택으로 사라지는 것. 그의 아내도 선택할 수 있는 것이 많지 않다.

어느 날 집에 일찍 들어오라는 아내의 문자가 있었다. 드디어 올 것이 왔다고 생각한 그는 이미 감옥이 되어버린 집을 향해 무거운 발걸음을 옮겼다. 지치고 긴장된 마음으로 집에 들어서기 전에는 아내가 이혼을 결심했음을 예감했다. 그런데 안으로 들어서자 눈에 들어온 것은 상차림이었다. 미역국 한 그릇과 물 그리고 숟가락과 젓가락이 가지런히 놓여있는 상차림.

"미역국이야, 먹어. 나도 일부 책임이 있어, 그동안 미안해. 이거 먹고 다시 태어나. 나는 당신과 다시 시작하기로 했어."

물 한 사발과 미역국 한 그릇. 그것은 정화와 치유의 상차림이었을까.

정화와 치유는 자기를 수용하고 타인을 용서하는 언어로 이루어져 있다. 땅속 깊은 곳까지 든든하게 바닥을 다지면 높은 빌딩을 세울 수 있다. 아내는 깊은 바닥까지 내려가 수치심으로 가득한 시간을 보내고, 스스로를 수용하는 정화의 과정으로 자기를 다시 세울 수 있었다. 자기를 정화하는 힘은 민낯과 직면하는 용기에서 나오고, 자기를 정화한 사람만이 타인을 용서하는 힘을 갖는다.

전통적인 심리치료 방식과 다른 하와이식 치료방식이 《호오포노포노의 비밀》에 담겨 있다. 치료사인 휴 렌(Ihale-akala Hew Len) 박사는 세상의 문제를 '전적으로 내 책임으로 수용'하는 마음을 가지고, 스스로 치유와 정화를 가져오는 언어를 사용하여 사람들을 치료한다. 그 언어는 "미안해요, 용서해요, 감사해요, 사랑해요."의 네 가지다.

전통적인 치유법은 환자의 내부에 문제가 있다는 것을

전제로 하지만, 그는 '치료사 마음속에 참회와 용서의 마음이 있으면 환자를 완전한 사랑의 생각들로 채워 변화시킬 수 있다'라는 믿음에 치료의 전제를 두고 있다. 그러므로 누군가를 치유하고 싶다면 나부터 정화하고 용서하는 마음을 가져야 한다고 말한다. 휴 렌 박사는 교도소의 죄수를 만나서 그들의 잘못까지 전적으로 자신의 책임이라는 마음으로 죄수들을 대했고, 시간이 지나면서 죄수들의 태도와 교도소 분위기는 실로 평온하게 변화했다.

당신이 리더라면 치명적인 실수를 한 직원에게 미안하다고 말하면서 오히려 용서를 구하고, 이어서 사랑한다, 감사하다고 할 수 있을까? 이 네 가지 언어는 사람을 바꾸고 조직을 바꾸는 위대한 말이다. 직원의 잘못을 원망만 하는 사람은 자기를 정화할 줄 모르는 사람이고, 그래서 왜 용서해야 하는지도 모를 수밖에 없는 사람이다. 리더가 이 언어를 사용할 수 있다면 다른 사람은 몰라도 최소한 자신을 바꿀 수 있는 이라고 믿어 의심치 않는다.

리더가 되어야
비로소 보이는 것들

리더가 되는 것을 부담스러워하고 승진을 반가워하지 않는 사람을 만났다. 직장인이라면 능력을 인정받아 승진하게 되는 일이 가장 큰 기쁨일 텐데 승진이 썩 달갑지 않은 사람들도 있다. 바로 승진자 리더십 과정에서 승진 축하 인사말에 그다지 기뻐하지 않는 사람들이다. 왜일까?

사회적 지위가 변하면 자동으로 따르는 게 역할이다. 입사 초기라면 막내 사원 역할이 따르고, 결혼하면 아내와 남편의 역할, 출산을 하게 되면 부모의 역할이 따른다. 게다가 역할에는 책임이란 놈이 따라 붙는다. 책임이란 녀석은 의미가 커질수록 무거워지고 더 큰 부담이 된다. 직장에서 리더가 된다는 것은 이렇게 새로운 역할도 수행해야 하고, 역할 수행에 필요한 역량(지식, 기술, 태도)도 길러야 한다. 더불어 성과에 대한 책임까지 짊어져야 한다. 어느 공기업의 경우에는 이렇게 무거운 역할만큼의 경제적 보상이 따르지 않다 보니 신경 쓰며 사느니 차라리 평직원으로 남아 마음 편히 사는 걸 택하는 사람들도 더러 있다.

'리더가 되면 스트레스도 더 받고 내 삶도 **빼앗길** 텐데….'

'내가 모른다는 걸 알게 되면 무시당하고, 답을 주지 않으면 무능하게 여길 텐데….'

'내 잘못을 인정하면 그때부터 나를 따르지 않을 텐데….'

'그들이 싫어하는 결정을 내리면 나만 외로울 텐데….'

'후배를 육성하면 나를 뛰어넘으려 할 텐데….'

'임원으로 승진하면 직장을 더 일찍 그만두게 되는데….'

《도마뱀을 설득하라》의 저자 제임스 크리민스(James Crimmins)는 나를 제한하는 잠재의식인 도마뱀을 설득하는 데는 '행동'이 '태도'보다 먼저라고 주장한다. 미리부터 갖는 두려움들은 나를 보호하고 준비하게 만든다. 그래서 더 준비하고 완벽해지면 행동할 수 있을 거라 착각하게 만든다. 늘 준비하는 시간부터 확보하려고 한다. 그러다 보니 실행할 시간도 미뤄지고 두려움도 사라지지 않는다.

늘 경험하는 것이지만 강의하기 전에는 다소 긴장이 되더라도 막상 강의가 시작되면 거짓말처럼 진정이 된다. 일단 닥쳐보면 걱정이 아무것도 아닌 게 되는 것이다. 우습게 들릴 수 있지만 나는 강사가 되고 나서 삶에 대한 태도가 변했다. 사람들 앞에서 강의하고 보니 비로소 보이는 것들이 있었기 때문이다. 첫째로는 입으로 말하고 나면 말한 대로 행동하게 된다는 것이다. 두 번째는 책을 읽고 알게 된 내용을 강의에서 다루다 보니 스스로의 의식이 확장되고 성장하게 되었다. 마지막으로 강의를 통해 나만의 범위를 넘어 다른 사람의 성장을 돕고 싶어졌다는 것이다. 얼마 전 다큐멘터리 〈다시 태어나도 우리〉가 방영되고 많은 사람이 스승과 어린 스님이 서로 의지하며 연대하는 모습에 감동했다. 티벳불교에서는 전생의 업을 이어가기 위해 환생한 고승을 '린포체(Rinpoche)'라 부르는데, 나이든 스승이 어린 린포체를 지켜주고, 돌보며 동행하는 모습이 담겼다. 티벳을 향한 설산을 넘을 때 어린 린포체가 스승에게 물었다.

"왜 제 옆에서 저를 거들어 주고 챙겨주세요?"

"이게 제 일입니다."

스승은 어린 린포체를 지켜보며 도와주고 헌신하는 사람이었고, 그렇게 쓰임을 사명으로 알고 있었다. 다른 사람을 돌보는 것에 가치를 둔 진정성이 그대로 느껴졌다. 그는 누군가가 성장할 수 있도록 돕는 것이 사명인, 그것으로 충분한 스승이자 리더였다.

현실에서는 이처럼 헌신하는 리더를 찾아볼 기회가 드물다. 미국의 유명한 리더십 교육 기관인 CCL(Center for Creative Leadership)에 의하면, 많은 리더가 준비되지 않은 상태로 리더의 역할을 맡게 된다고 밝혔다. 먼저 리더가 되고 난 뒤 현실의 어려움을 극복하는 과정에서 실수하고 배우면서 성장한다는 것이다.

직원과 소통하며 착한 리더가 되기 위해 모두의 의견을 모으다 보니 업무가 지연됨을 알게 되고, 다시 카리스마 있는 리더가 되기 위해 강한 신념으로 무장한 행동을 하다 보면 어느새 독단적인 리더가 된다. 끊임없는 변화를 모색하며 살아야 한다고 했는데 피로도 높아진 직원은 무기력해져서 꿈쩍도 못 한다. 꼼꼼하게 챙겨보며 도와줬건만 일일이 간섭해서 일할 맛이 나지 않게 만드는 리더였음도 뒤늦게 알아챈다. 이렇게나 서툴다. 그러면서 다시 보이는 게 있다. 나이가 들면 노안이 온다. 조금 떨어져 봐야만 글자가 보이고, 떨어져 볼 때는 글자뿐 아니라 그 뒤에 숨은 경험과 지혜도 보인다. 이처럼 '되어 봐야' 아는 게 있다. 나이가 들어보면 알게 되는 것이 있듯, 리더가 되어야 보이고 느끼는 것이 있다.

　리더의 삶은 단지 개인의 삶이 아니다. 나를 넘어 다른 누군가를 위하는 경험은 결코 가볍게 여길 게 아니다. 지금은 코앞의 것이 행복이고, 눈앞에 놓인 당장의 일들이 먼저인 것 같지만, 리더가 되는 경로에는 눈앞의 행복과 일을 넘어서 새로운 가치를 보고, 더 높은 수준의 성장과 행복을 경험하는 지점들이 있다.

　일방적으로 지시하고 명령하다 보면, 사람의 마음을 읽고 지지해줘야 자발적으로 따르게 된다는 것을 경험으로 알게 되고, 그릇이 커야 리더가 아니라 비우고 또 비워야 더 많은 사람을 담을 수 있는 리더가 되는 것도 알게 된다. 리더라는 것에 미리부터 부담을 가지게 된다면 간단하게 생각하자. 육아 경험은 없지만, 부모가 되니 어른이 되듯 리더가 되어야 리더로서 성장한다. 되어보면 알게 된다.

'리더다움'으로
무장하려 했던 어리석음

세 명의 친구를 만났다. 노량진 학원가에서 재수 생활을 하며 뭉쳐 지내던 친구들이다. 나와 좋은 감정을 가졌던 친구도 있어 설레는 마음으로 카페 문을 열고 들어섰다. 모두 옛 모습 그대로여서 한눈에 알아볼 수 있었다. 쉽게 알아볼 수 있어 오히려 싱거울 정도였지만 누군가의 아내고 엄마인 모습이 신기했다. 친구들에 대한 이야기를 돌아가며 꺼낼 때마다 엊그제 일처럼 그때의 기억이 선명했다. 그런데 친구들이 기억하고 있는 당시의 나는 지금의 나와 전혀 달랐다. 나는 말이 없고 얌전한 아이였다고 한다. 내가 강의한다는 말에는 의외라는 반응이다. 내가 정말 그랬나? 그랬다면 당시의 말수 없던 나와 지금의 나, 둘 중 나다운 나는 누구일까?

이 물음에 답하려면 나답다는 것부터 정해놓아야 한다. 나다운 것, 나답다는 것은 내 정체성을 만드는 고유의 특성을 갖거나 유지하는 것이라고 임의로 정하자. 조금 더 구체적으로는 타고난 성격이나, 중요하게 여기는 가치, 옳다고 믿는 신념에 따라 사는 것이 아닐까? 즉 평소 사용하던 손으로 숟가락을 들 듯 일관성 있어서 자연스럽고 편안한 것이 나다운 것이고, 평소 사용하지 않던 손처럼 어색하고 에너지 소모가 많은 것은 나답지 않은 것이다. 이렇게 나답다는 기준을 정하고 보니 이제 재수할 때의 나와 지금의 나 중에 무엇이 진정 나다운 것인지 분명해졌다. 지금의 내가 편하고 자연스러우니 나다운 모습이다. 어쩌면 친구들은 나다운 나를 이제야 보는 것일지도 모른다.

심리학자 레빈(Lewin)은 '행동 = f(성격 × 환경)'이라고 정의한다. 사람의 행동은 타고난 성격과 환경의 함수 관계라는 것이다. 이 공식에 나를 대입해보면 재수생 시절 나는 타고난 외향성을 드러내지 못하고 주눅 들거나 움츠렸던 것이 분명하다.

강의도 내 몸에 맞는 강의가 있고 왠지 어색하고 불편한 강의가 있다. 내 몸에 맞는 강의는 강의 주제와 목표가 나의 가치나 신념과 일치되는 걸 느낄 때다. 게다가 내 성격에 맞게 동선을 넓게 쓰면서 사람들과 주거니 받거니 대화하는 방식이 나의 방식이다. 반면, 강의하면서도 에너지가 소모될 때는 내 가치와 신념이 내용과 어긋나서 행동이 말과 다르다는 것을 느낄 때다. 이럴 때는 결국 나의 메시지와 메신저인 내가 다르다고 느끼게 된다.

리더십도 이와 같다. 리더의 메시지가 메신저인 리더와 다를 때 힘을 잃는다. 그러므로 나다운 리더십은 나에게 자연스럽고 편안함을 주는 리더십이고, 나답지 않은 리더십은 더 많은 에너지를 쓰면서도 내가 불편해지는 리더십이다. 리더가 가진 가치와 신념이 그대로 메시지로 실려 나가고, 그 메시지가 행동과 일치될 때 리더는 자기다운 면모를 발휘한다. 남이 만든 가치에 자기를 꿰맞추면서 행동할 때, 그 리더십은 가짜 리더십이 된다. 가짜 리더십은 말과 행동에 확신이 없고 추진 동력도 떨어지게 마련이다.

새로 리더가 된 사람들이 겪는 실수가 바로 성급히 리더다움으로 무장하려는 시도이다. 어깨에 힘주고 목소리도 좀 키워 행동하지만 내가 왜 존재하는지, 내가 어떤 리더인지, 내 가치와 신념은 무엇인지가 뚜렷하지 않으면 구성원들에게 어디로 가야 하는지 일관성 있게 설명해 줄 수 없다.

서울의 명동거리 건너에는 내가 교육담당으로 일한 미도파 백화점이 있었다. 그곳에 승진이 싫다며 물려 달라는 직원이 있었다. 여사원 중 성실하고 일 잘하는 사람은 조장으로 승진했는데, 조장이 되면 수십 명의 여사원을 관리할 수 있었고, 급여도 상당 수준 올랐다. 조장 승진 발표가 있고 난 뒤 일주일 정도 지났을 무렵, 새로 승진한 조장이 글썽이며 인사과를 찾아 왔고, 면담을 신청했다. 조장 승진을 취소해달라는 요구였다. 의아했다. 모두가 바라는 승진이고 축하받을 일이 분명한데 다시 사원으로 돌아가게 해달라니. 그 직원의 이야기를 들어보니 일주일간 극심한 스트레스에 시달렸다는 것이다. 그녀는 조장이 된 다음 날부터 조원들에게 시달렸다. 리더로서 조회를 운영해야 했지만 사람들은 좀처럼 모이지 않았고, 모여도 조장의 말에 집중하지 않았다. 일종의 신고식을 치른 거였다.

"안 들려요! 모깃소리처럼 들려서 무슨 말인지 모르겠네! 연습 좀 하고 말하던지."라고 일부 나이 많은 직원은 대놓고 웃으며 놀려댔다. 조장의 권위는 어디론가 날아가 버렸다. 어쩌다 리더가 된 조장은 그렇게 사람들에게 끌려다니다 하루를 마치기 일쑤였다. 보다 못한 선배 조장들은 자기만의 리더십을 들어가며 조언했다.

"조장 권한이니 꼬투리를 잡고 벌점을 매겨서 기선 제압해!" 마치 부대 배치를 받으면 정문의 위병초소부터 기선을 제압하고 들어가라는 예전 장교훈련을 받을 때의 이야기 같았다. 조장은 다음 날부터 어깨에 힘을 주고 매장을 활보하며 잘못된 행동에는 벌점 주었다. 조장의 힘을 보여 준 것이었다. 움츠리는 사람들을 보면서 선배의 비법과 리더의 권력이 먹히는 줄만 알았다. 하지만 직원식당에 같이 가자고 자발적으로 찾아오는 사람은 아무도 없었다. 예전과 달리 퇴근길에 공허함이 밀려왔다. 누군가와 깊게 연결된 느낌을 가질 수 없었고 자신과의 유대감도 없었다. 그녀는 나답게 사는 방식, 나답게 일하는 방식이 무엇인지 고민이었다. 지난 시절의 자신을 돌아보니 일이 몰려 힘들어하는 직원을 도와주고, 차근차근 업무를 알려주던 그때가 떠올랐다. 퇴근길에 느끼던 뿌듯함. 내성적이라 나서지는 않았지만, 주변을 챙기며 묵묵히 다른 사람을 도와주던 그 방식이 자기에게 편한 '나다움'임을 알았다. 그녀는 그렇게 조금씩 자기의 몸에 맞는 리더십을 찾아갔다.

'조장 발령을 물러주세요' 사건을 통해 리더십을 개발할 때에는 다음 두 가지를 고려해야 함을 알았다. 첫째, 자연스럽게 발휘되는 자기만의 특성과 강점을 찾아 리더십과 연결하는 것. 둘째, 자기의 임무, 정체성, 가치와 신념이 능력이나 행동으로 일치되도록 정렬시키는 것이다.

다른 사람이 입었을 때 멋져 보이는 옷을 똑같이 입는다 해도 내가 그 사람이 아니듯, '리더'의 페르소나(가면)로 무장하기보다 자기 성격과 강점, 그리고 가치와 신념이 반영된 자기만의 리더십 모델을 찾아가야 한다. 만약 나의 리더십을 발휘할 때 반복적인 불편함이나 어색함을 느낀다면 이 두 가지를 반드시 점검해볼 필요가 있다. 그리고 자주 의식적인 질문을 던져보자. 나는 왜 존재하는지? 어떤 사람이 되고자 하는지? 나라는 범위를 넘어서 어떤 대상을 위하는지? 그것을 위해 어떤 가치를 추구하며 어떻게 살아가고자 하는지?

아직 정해놓은 사명이 없다면 시간을 들여 찾아보기를 권한다. 나의 경우 종이에 적고 다시 지우고 다시 적기를 반복하며 며칠이 걸려 문장 하나를 완성했는데, 이 사명을 의식하면 스스로 중심을 잡아 볼 수 있다.

사명 선언서를 적어본다

1. 나의 사명은 (대상) .... 의(에게),

   (가치) .... (을, 위해) .... (하겠다, 되겠다)

2. 사명과 관련된 은유적 표현이나 시각적 상징물을 적어보자.

   ....

   ....

3. 이 사명을 의식하며 임무를 지원할 리더십 역량이나 행동을 적어보자.

   ....

   ....

이렇게 나다운 것이 무엇인지, 어떤 역량과 행동을 통해 나만의 리더십을 개발할 수 있는지 노트에 적어보라.

나의 존재 이유와 정체성, 가치, 신념, 능력, 행동이 하나로 연결되지 않으면 나와의 유대감도 적어진다. 유대감 없는 리더의 메시지는 그래서 공허하고 힘이 약하다. 단지 직위(직급)에 의해 주어진 권력으로 힘을 행사하지만, 반대로 그만한 저항을 경험하게 되는 것이다.

리더다움으로 무장하려던 수고를 버리자. 박사다운 모습을 보여주려고 출처와 논리로 무장하니 사람들이 쉽게 지쳐 갔고, 강사답게 보여야 한다는 강박으로 한여름에도 정장에 긴팔 와이셔츠 그리고 넥타이 차림으로 강의하려니 힘이 들었다. 그래야 강사다운 것인 줄 잘못 알고 살았다. 나 다운 리더십, 나의 특성과 강점이 스며든 편안한 옷으로 갈아입자. 그리고 미션과 가치로 중심이 선 리더, 그래서 메시지와 메신저가 같은 리더가 되어야 한다.

포지션 파워
& 퍼스널 파워

1. 포지션 파워(Position Power)

직위 권력은 직위에 부여된 공식적이고 합법적인 권력을 말한다. 개인과는 관계없이 그 직위 자체로 인해 부여받는 권력이다. 리더는 직원에게 해야 할 일을 부여하고, 관리 감독하며 조정하거나 그 결과를 평가하는 등 합법적 행위를 할 수 있는 권력이 주어진다. 이에 따라 보상을 하거나 처벌을 줄 수도 있다. 하지만 이 권력을 적절히 사용하지 못하거나 과도하게 사용하는 순간 직원들은 저항한다.

대부분의 직위 권력은 리더와 직원 사이에 일종의 거래형태로 이루어진다. 열심히 하면 보상이 따르고 그렇지 못하면 적절한 제재가 따른다. 하지만 리더가 여기에 의존하게 되는 경우 직원들은 거래조건 이상의 행위, 조직이 위기에 처할 경우에도 자발적으로 나서려고 하지 않는다. 또한 리더가 직위에서 물러나는 순간 직원에게 발휘할 수 있는 영향력의 근거는 소멸한다.

2. 퍼스널 파워(Personal Power)

이 권력은 리더가 직원에게 따르기를 요구하지 않았어도 직원들이 자발적으로 리더를 존경하거나 동일시하며 따르게 만드는 힘이다. 이 힘의 원천은 리더의 전문력과 준거력이다.

'전문력'은 리더가 보유하고 있는 역량이다. 해박한 지식이나 전문적인 기술을 보유하고 있고, 이 전문성을 바탕으로 합리적으로 설득하거나 직원을 육성하는 과정에서 생긴다. 리더 덕분에 조직에서 성장하고 있음을 경험할 때 직원은 리더를 자발적으로 따르고자 한다. '준거력'은 직원이 리더의 가치, 비전, 인격이나 성품을 본받고자 하거나 동일시할 때 나온다. 린포체의 스승처럼 서로 의지하며 유대감을 가지는 힘이다. 일관되게 가치를 지키며 고난에 의연하게 대처하는 모습, 옆에서 돕는 것만으로 충분하다는 모습, 시련과 역경에서 지지받고 회복되는 경험, 메시지와 메신저가 일치하는 모습에서 나온다. 그러므로 진정한 리더의 영향력은 퍼스널 파워에서 나온다 하여도 과언이 아니다.

나와 관계없는 일에 대한
관계 끊어내기

"조만간 한잔하자!" 별 의미 없이 건네는 인사말이지만 말이 누적되어 포인트가 쌓이면 술자리를 한 번 하게 되는 친구가 있다. 뉴스로 세상일을 주워듣는 나와 달리 이 친구는 정치와 경제 그리고 연예계 뒷이야기까지 모르는 게 없다. 이 친구의 이야기를 듣고 있으면 나라가 곧 어떻게 될 것 같고, 흥분지수도 높아진다. 의식적으로 집중하며 들어주지만 정말 알고 싶은 이야기는 아니다. 친구가 흥분하며 말이 길어지는 동안 내 에너지는 바닥이 난다.

내게는 대화의 기술 중 부족한 기술이 있다. 상대의 말을 끊어야 할 때를 놓친다는 것이다. 자연스럽게 화제를 돌리는 기술이 부족하다. 우리만의 이야기로 전환할 틈을 노려 보지만, 쉴 새 없이 쏟아져 나오는 화제를 돌리기란 정말 어렵다. 이렇게 우리 둘의 이야기는 빠지고 세상살이와 남 이야기만 나누다 보니 가족이나 개인적 고민을 화두로 꺼내기도 어렵다. 강아지가 아프다는 말이나, 가족이 강아지만 알아주는 것 같다는 말처럼 나의 소소한 일상 이야기는 너무 시시한가 보다. 그렇게 서로의 일상이나 고민이 무엇인지도 모르고 대화는 끝나게 된다. 마음속 이야기를 주고받지 못해 깊은 유대감도 느껴지지 않는다.

롤프 젤린(Rolf Sellin)도《나는 단호해지기로 결심했다》에서 "오랫동안 관계를 지속하는 힘은 무한한 친절과 배려가 아닌 단호한 선 긋기에서 나온다."라고 했다. 선 긋기는 상대와 나 사이에 접촉을 끊어 버리는 것이 아니고, 상대의 요구와 개입을 허용할 수 있는 한계를 정하고 감정적으로나 신체적으로 혹사당하지 않고 사는 방법이다.

세상에는 신경 써야 할 뉴스와 신경 쓸 필요가 없는 뉴스가 있다. 채널과 주파수가 많다고 해서 모두 나의 것이 될 수 없듯이 정보가 많을수록 나에게 중요한 것과 덜 중요한 것을 구분하여 중요한 것을 선택하고 집중해야 한다. 나와 관계없거나 덜 중요한 것에 얽매일 필요는 없다.

리더십 이론에는 고전적 리더십 이론으로 특성이론, 행동이론, 상황이론이 있다. 이후 기대이론, 경로목표이론, 의사결정이론, 교환이론, 거래적 리더십, 카리스마리더십, 변혁적 리더십이 등장했고, 현대에는 공유리더십, 팔로어십, 셀프리더십, 슈퍼리더십, 이슈리더십, 감성리더십, 서번트리더십, 윤리적 리더십이 있고, 최근에는 진성리더십이 주목받고 있다.

내 친구가 정치와 경제 이야기로 나를 지치게 했듯, 내가 이러한 리더십론에 관해 아는 것 좀 있다고 그에게 끊임없이 설명한다면 상대는 관심 있게 들어 줄까? 아마도 금방 지치거나 술맛이 떨어졌을 것이다. 만약 그다음 만남에서도 리더십 이야기를 반복한다면 아마도 나를 더 이상 만나고 싶어 하지 않을 것이다. 다양한 리더십론을 알고, 리더십에 관해 떠든다고 해서 친구에 대한 내 리더십이 발휘되는 것은 아니다.

리더의 리더십 공부도 마찬가지여서 세상에는 수많은 리더십 이론이 있지만, 리더가 되기 위해 이 모든 리더십 이론을 공부할 이유는 없다. 세상에서 가장 좋은 리더십 과정을 수강한다고 해서 세상에서 최고의 리더십을 갖추는 게 아니기 때문이다. 중요한 것은 지금의 나에게 가장 잘 맞는 나만의 리더십 모델을 갖는 것이다. 마크 맨슨(Mark Manson)도 《신경 끄기의 기술》에서 자기가 보기에 옳거나 진짜 중요한 것에 신경 쓰기 위해서는 중요하지 않은 모든 것을 향해 "꺼져."라고 말하라고 했다. 자기 성격과 강점, 그리고 가치와 신념이 반영된 자기만의 것을 찾아가야 한다. 이순신의 리더십을 공부한다고 해서 내가 남들에게 그렇게 보이고 동일한 영향력을 행사할 수 있는 것은 아니다.

과거 상사나 선배가 보여준 리더십을 무턱대고 따라 하거나 좋아 보이는 리더십 모델을 따르지 말고 나의 가치와 철학을 담은 리더십 모델을 세워야 한다. 나만의 리더십 모델을 세워야 개인의 정체성과 리더십 행동이 하나로 연결되어 일체감을 느낀다. 타인과의 관계에서만 연결이 필요한 것이 아니라 나와의 관계에서도 나의 행동이 나의 가치와 신념이 반영된 정체감과 하나로 이어지도록 해야 한다.

나만의 리더십 모델을 개발하는 데는 로버트 딜츠(Robert Dilts)의 신경논리적 수준(Neurological Level)에 따라 직접 적으면서 찾아보는 것이 유용하다. 다음 5가지 질문에 따라 메모하며 나만의 리더십 모델을 만들어보자. 가능한 많이 써보고 그중에 더 나다운 것을 선택해보라.

정체성 수준(Identity : Who am I)

- 나는 누구인가? 어떤 리더가 되고자 하는가? 내가 일관성 있게 보여주거나 지니고 있는 나다운 특성 혹은 상징은?

신념과 가치 수준(Belief, Value : Why)

- 내가 중요하게 여기는 가치는 어떤 것들인가? 왜 중요한가? (그 가치의 의미는 무엇인가?)
- 리더로서 가진 생각들은 어떤 것인가? (예 : 리더는 ~해야 한다.)

능력 수준(Ability : How)

- 내가 이미 가진 강점 능력은 무엇인가? 그것을 어떻게 사용할 것인가?
- 나는 구체적으로 어떤 역량을 갖추거나 발휘하고 싶은가?

행동 수준(Behavior : What)

- 나는 구체적으로 어떻게 행동하며 영향력을 끼치는가? 내가 일하는 모습은 어떠한가?
  (예 : 경청한다, 질문한다, 격려한다, 어깨를 두드려준다, 미소 짓는다.)
  (일하는 모습 : 몰입한다, 배분하고 위임한다, 토론한다. 발표한다.)

환경 수준(Environment : Where, Who)

- 언제, 어디서, 어떤 사람들과 함께 하는가?
- 지금 내가 근무하는 곳을 어떤 근무 환경으로 조성하고 싶은가?
  (예 : 가족적, 개방적, 휴식 공간, 몰입하는 분위기)

2장

사소한 것들에 대한
절대적 믿음,
바라보기

내가 옳다는
믿음을 버릴 것

젊은 꼰대라는 말이 있다. 꼰대란 원래 걸인집단에서 나이 든 걸인을 칭하던 은어다. 이후 학생들이 아버지, 선생님을 낮춰 부르는 말로 쓰였고, 지금은 주로 내가 옳다고 믿는 가치와 신념을 타인에게 강요하거나 서열과 권위를 내세우는 말이 안 통하는 사람에게 사용한다. 후배에게 서열을 강조하며 충고, 지적하는 젊은 선배 중에도 자기 경험이 옳다고 일반화해서 말하는 사람이면 젊어도 꼰대가 되는 세상이다.

천재 수학자 피타고라스도 위대한 철학자 아리스토텔레스도 본인들 생각이 옳다고 믿으면 잘못된 것을 죽을 때까지 알지 못했다. 이들만이 아니라 AD 2세기 클라우디오 프톨레마이오스 이후 약 1400년 동안의 사람들은 모두 자기가 보고 들은 것에 대해 한 치의 의심도 없는 진리로 믿고 살았다. 이때까지 우주의 중심은 지구였다. 지구를 중심으로 달, 수성, 금성, 태양, 화성, 목성, 토성이 각각의 원을 그리며 서로 다른 주기로 공전한다고 생각했다. 지구는 정지한 채 자전하지 않으며, 세상의 별들은 천구에 고정된 채로 존재한다고 생각했다. 이후 코페르니쿠스와 갈릴레오 갈릴레이 등의 천문학자들이 등장하면서 지동설을 제기했지만, 엄격한 가톨릭 시기에는 교황에 대한 모독죄로 재판을 받게 된다. 이처럼 자명한 사실일지라도 지금까지 옳다고 믿어 왔던 것을 그르다고 받아들이기는 쉬운 일이 아니다.

아빈저 연구소의 《상자 안에 있는 사람 상자 밖에 있는 사람》에서는 자신의 잘못을 올바로 보지 못하는 것을 '자기 기만'이라고 한다. 다른 사람들에게는 명백하게 보이는 자신의 잘못을 스스로 찾아보거나 인정하지 못하는 경향을 일컫는 말이다. 이 '상자 안에 있다'라고 표현하는 상태에서는 자신을 정당화시키는 방식으로 현실을 왜곡시키고 세상을 바라본다. 이렇게 상자 안에 들어가면 누구나 자기를 방어하게 된다.

철학자 정지우의 말을 빌려 봉건사회, 식민지 지배세력의 착취, 권위주의 정권의 독재를 거치면서 서열과 집단주의 그리고 권위주의적 환경에 노출된 탓에 나는 나도 모르게 꼰대의 위치에 서게 되었다. 이러한 배경에서 숱한 리더들이 기존에 만들어진 집단적 가치에 휘둘려 자기만의 정체성을 갖기란 쉬운 일이 아니었다. 자기만의 정체성이 뚜렷하지 않으니 개성도 없었으며, 자기 개성이 없으니 다른 사람의 개성을 존중할 줄 몰랐을 것이다. 두 아이의 아버지인 나도 기존의 가치에 익숙해지고 그러한 가치가 옳다고 여기며 아이를 키웠으니 아이들의 개성을 이해할 리 만무하다. 권위적인 학교 환경과 직장 환경에 맞춰 살아남은 나로서는 조금 당연한 결과일 테지만 이런 나의 모습도 인정해야 한다.

단지 과거 사람이라고 해서 모두 꼰대가 되는 것은 아니다. 《대화의 달인 황희에게 배우는 소통의 철학》에는 황희 정승의 공감적 소통을 소개한다. 어느 날 머슴 A가 황희에게 쪼르르 달려와 머슴 B의 잘못에 대해 투덜거리자 황희는 "저런 네 말이 맞구나."라고 했고, 이에 억울한 머슴 B가 찾아와 머슴 A의 잘못을 이르니 황희가 "저런 네 말을 들으니 네 말이 맞구나."라며 두 사람의 말이 다 옳다고 한 일화다. 이를 지켜본 부인이 "당신은 A가 옳으면 B가 틀린 것이지 A에게는 A가 맞고, B에게는 B가 맞다 하는 게 어디 있소."라고 하니 "부인의 말을 들으니 부인의 말이 맞구려."라고 한 것이다.

황희가 이렇게 각자의 생각과 감정에 관해 공감적 소통을 할 수 있었던 것은 단지 기술적인 소통이 아니라 나만 옳다는 생각을 갖지 않아서, 세 사람 모두의 개성을 인정할 수 있던 것이 아니겠는가. 황희가 모두의 개성을 인정할 수 있었던 것은 혹자가 말하는 우유부단한 성품 때문이 아니라 높은 자존감에 있는 것이다.

리더의 자존감을 연구한 너새니얼 브랜든(Nathaniel Branden)의 《자존감: 성공의 7번째 센스》에 따르면 "다른 사람이 틀렸다고 비난함으로써 자신이 옳다는 것을 증명하려는 것은 무의식적으로 낮은 자존감을 보호하려는 방어기제에서 나온다."

자기의 권위를 지키려는 리더일수록 상자 안으로 들어가고, 상자 안에서 자기가 옳다는 것을 증명하기 위해 직원의 개성과 가치를 왜곡하기 쉽다. 자기 말에 따라야 한다는 생각을 가진 리더는 본인이 꼰대인지 알지 못하고 되려 스스로 멘토라고 생각하며, 자신의 경험이 전부인 것처럼 사사건건 가르치려는 경향이 있다.

우리가 아는 리더 중에 중국의 조조는 상자 안에서 상자 밖으로 나온 인물이다. 적벽대전에서 대패하고 겨우 목숨만 부지하여 귀국했을 때, 부하 장수들과 병사들이 대성통곡을 하며 사기가 바닥에 떨어진 상황에서 조조는 자기의 잘못을 그대로 인정하고 실패를 극복하는 연설을 했다.

"우리는 승전의 자만에 빠져 적을 얕봤다. 특히 내가 그랬다. 비록 우리가 적벽에서 대패했으나 우리의 근간은 흔들리지 않았다. 패전하지 않고 어떻게 승전하는 법을 알겠는가. 그러니 실패는 좋은 일이다."

물론 해석하기에 따라 실패를 합리화하는 것처럼 보일 수 있지만 자신의 잘못을 인정하고 있다는 점에 주목할 필요가 있다. 우리는 인생을 살아가면서 좌절이나 고난을 얼마든지 겪을 수 있다지만, 잘못이나 실패를 인정하고 다시 일어나는 모습에서 비로소 리더의 가치가 증명되기도 한다. 조조처럼 실패의 원인을 다른 이의 탓으로 돌리지 않고, 스스로 옳지 않았음을 인정하는 것. 그것이 자존감 높은 리더가 보여줄 수 있는 참모습이다.

그렇다면 우리가 꼰대에서 탈출하여 진성리더가 되는 방법은 무엇일까? 하나는 스스로 옳다고 믿는 것에 대한 합리적인 의심을 통해 상자 밖으로 탈출하는 것이다. 다른 하나는 우리 사회가 만든 집단주의적 가치를 따르는 삶에서 빠

져나와 각자의 개성을 표현하고 존중하며 조직을 이끄는
것이다.

내가 믿고 있던 것에 관해
합리적 의심을 해본다

   게리 하멜(Gary P. Hamel)과 프라할라드(C.K. Prahalad) 교
수의 공저인 《시대를 앞서는 미래 경영 전략》에는 원숭이
를 대상으로 한 실험이 나온다. 우리 안에 다섯 마리의 원
숭이가 있고 사다리 위에 바나나가 놓여있다. 원숭이 무리
중 한 마리가 사다리를 타고 올라가 바나나를 따려는 순간
차가운 물이 모든 원숭이에게 쏟아지도록 고안된 실험 장
치다. 원숭이들은 바나나를 만지면 찬물이 쏟아진다는 것
을 경험을 통해 학습한다. 이때 새로운 원숭이 한 마리를
우리 안으로 영입한다. 신입 원숭이가 바나나를 따기 위해
사다리를 오르려 하지만 기존의 원숭이들이 제지한다. 이
원숭이는 영문도 모른 채 바나나를 따면 안 된다는 기존 관
습에 적응한다. 이렇게 기존 원숭이를 우리 밖으로 내보내
고 새로운 원숭이를 우리에 영입하는 방식이 반복된다. 이
윽고 기존의 원숭이들 모두가 우리 밖으로 나가게 되고 새

로운 원숭이들만이 남게 되었음에도 원숭이 중 어느 한 마리도 바나나를 따려고 하지 않았다. 바나나를 따면 왜 안 되는지 합리적인 의심조차 하지 않고 단지 기존 무리가 만들어 낸 관습에 따라 생활을 하는 것이다.

사람들과 함께 일하는 조직에서도 위 실험의 원숭이처럼, 단지 기존 무리가 만들어 놓은 익숙한 일 처리 방식을 합리적 의심 없이 따르는 경우가 많다. 그러므로 앞으로 나아가는 리더라면 회의 방식, 지시 방식, 보고와 문서 작성 방식, 회식, 퇴근 후 업무 연락 등 기존에 익숙하게 해왔던 방식을 고집하지 말고 개성이 다양해진 사람들의 방식을 존중하고 받아들일 수 있어야 한다. 회의는 꼭 필요한 회의만 사전에 공유하여 간결하게 진행하고, 불필요한 대면 보고나 화려하고 장황한 보고를 위한 문서 꾸미기 방식도 줄이고, 불명료한 업무 지시, 퇴근 후 업무 연락 등 나에게는 익숙하지만 직원의 시간과 에너지를 소모하는 것이 있는지 살펴보아야 한다. 우선 자신의 믿음에 합리적인 의심을 더 해보는 것이다.

우리 곁에는 조직의 요구에 맞게 충실히 일하면서 자기 개성을 드러내지 않은 리더가 많다. 또 그러한 리더들은 자신의 개성을 드러내지 않고 살다 보니 다른 사람의 이질적인 성향도 받아들이기를 꺼려 한다. 분명한 건 내 개성을 표현하며 사는 사람이 남의 개성도 존중할 줄 안다는 것이다. 조금씩 자신의 개성을 찾기 위한 용기를 내보자. 필요하다면 빨간색 양말도 신어보고 머리에 염색을 해보면 어떨까?

"나이답지 않게 주책이다."라는 말, "남부끄럽다."라는 말은 구멍 난 양말이다. 쓰레기통에 던져도 된다. 요즘의 꼰대는 나이와 무관하다. 스스로의 가치와 신념이 무조건적으로 옳다는 믿음을 타인에게 강요하는 대신, 나의 개성을 표현할 수 있는 만큼 표현하되 타인의 개성도 존중하며 어울리는 리더는 나이가 들어도 젊다는 소리를 듣는다.

원칙으로 사는 사람들,
원칙에 치이는 사람들

원두막에서 하룻밤 지내는 것이 어릴 적 로망인지라 종종 아버지를 졸라 산 중턱의 옥수수밭으로 향했다. 원두막 위에서 내려다본 주변 산속은 칠흑같이 어두웠다. 산자락 끝에서 몇몇 사람들이 무언가를 두들기며 소리를 질러댔다. 내지르던 소리가 멈추자 적막이 흘렀다. 아버지는 "그놈이 이제 우리 밭으로 오고 있나 보다. 지금부터 양철통을 두드리며 크게 소리 질러라."라고 말씀하시고는 랜턴을 들고 원두막 사다리를 내려가셨다. 원두막에 남은 나는 마치 전선의 소년병이라도 된 듯 커다란 양철통을 두드리며 있는 힘을 다해 소리를 질러 댔다. "쾅쾅쾅 워어이! 쾅쾅쾅."

옥수수가 영글어 갈 즈음 멧돼지가 한 번 휩쓸고 지나간 밭은 말 그대로 쑥대밭이 됐다. 자기 먹을 것만 먹고 가면 좋으련만 주변의 작물까지 파헤쳐 모조리 밟아 놓고 떠난 것이다. 어린 내 눈에 필요 이상으로 밭을 망가뜨리며 행패를 부리는 그놈은 해야 할 것과 하지 말아야 할 것의 구분이 없는 놈 같았다. 그놈은 그저 닥치는 대로 살아가는 야생동물에 불과했다.

며칠 후 동네 사람이 멧돼지를 잡았는데, 그 멧돼지가 자주 다니는 길목에 덫을 놓아 잡았다는 것이다. 그 말을 듣고 곰곰 다시 생각해보니 멧돼지도 자기 나름의 원칙이 있는 놈이었다. 다니는 길로만 다닌다는 원칙! 게다가 멧돼지는 이것저것 깨물고 탐색하고 여기저기 뒹굴고 파헤치면서 자기만의 방식으로 잘 살다 갔으니 충분히 즐기는 삶을 보냈을 수도 있다. 인간의 잣대로는 원칙도 없이 사는 짐승이었겠지만, 어떻게 보면 자기만의 원칙도 있고 자기만의 방식으로 삶을 즐기며 살 줄도 아는 놈이었다.

6·25 전쟁으로 피난을 다니며 배고픔을 겪은 아버지에게는 '농사지어 배불리 먹을 땅을 갖는 것'이 삶의 중요한 가치가 되었다. 아버지는 땅이 가장 중요하다는 믿음과 논밭은 매년 넓혀 나가야 한다는 신념과 원칙으로 사셨다. 당신만의 원칙에 따라 새벽부터 밤늦게까지 돌밭을 일구어

가용한 땅으로 만드셨고, 아껴 모은 돈으로는 동네 땅을 조금씩 매입하며 넓혀가셨다. 농사일의 고단함을 지탱해준 힘은 원칙을 지켜나가는 자기 신뢰와 성과를 지켜보는 기쁨이었다. 어머니가 아끼는 결혼반지까지 땅 매입에 쏟아붓기도 해서 어머니는 자못 서운해하셨지만, 결국 그 땅에 어머니의 지분도 생겼으니 더 좋은 일이 된 것이었다. 반지 하나로 어머니는 땅을 가지게 되었고 땅만 넓어 지면 그것으로 충분한 아버지였기에 누이 좋고 매부 좋은 일이었다. 땅을 넓혀가야 한다는 아버지의 원칙은 결국 모두에게 이로운 일이 되었다.

리더를 신뢰하게 만드는 원칙

스티븐 코비(Stephen Richards Covey)는《원칙 중심의 리더십》에서 "우리가 세상을 통제하는 것이 아니라 원칙이 통제한다. 우리는 자신의 행동을 통제하지만 이런 행동의 결과는 원칙이 통제한다."라고 했다. 원칙은 리더가 일관되게 행동하게 만드는 힘을 가진다. 행동에서 일관된 모습을 보이는 리더는 직원에게 신뢰감을 주고, 리더 스스로도 신뢰를 바탕으로 자존감을 높일 수 있다.

리더가 원칙을 정해놓고 알려주면 직원들도 일하기 쉬워지는 반면 리더가 원칙 없이 일하거나 행동에 일관성이 없을 때 그 피해는 고스란히 직원에게 돌아간다. '성과 관리를 위한 면담 기술'을 주제로 한 워크숍에서 참가자들에게 "직원을 힘들게 하는 상사의 일 처리 방식은 어떤 것인가?"라는 질문을 던졌다. 그 결과 상황에 따라 전혀 다른 방법을 지시하고, 일관성 없는 잣대로 평가한 뒤, 그 평가 결과를 직원에게 일방적으로 통보하는 상사가 최악으로 꼽혔다. 원칙이 없는 리더로 하여금 얼마나 많은 직원이 힘들어하고 의욕이 낮아지는지 알아야 한다.

목표에 관한 면담을 할 때 직원과 합의한 '평가 기준'은 둘 사이에 지켜야 하는 원칙이 되고, 이 원칙에 따라 서로 솔직한 피드백을 주고받으며 평가에 반영하여야 한다. 리더가 이러한 원칙을 일관되게 지켜나갈 때 신뢰가 커지고 영향력도 생기기 때문이다.

원칙을 지킴으로서 사람들에게 신뢰받는 대표적인 인물이 워렌 버핏(Warren Edward Buffett)이다. 그는 회수되는 돈이 투자할 돈보다 많이 들어오는 것이 고민이라고 밝혔다. 그는 절대 투자하지 말아야 하는 곳에 투자하지 않고 기다린다는 원칙을 지키고 있다. 그의 이러한 원칙과 일관된 행동이 시장에 신뢰를 주고 사람들은 그가 어디에 투자하는

지를 호시탐탐 지켜본다. 이렇게 자기만의 원칙을 일관되게 시행하는 사람은 타인이 만든 가치에 휘둘리지 않는다는 독보적 인상을 받는다.

목을 조이는 원칙 점검하기

원칙이 내 삶에 목을 조여 올 때는 잠시 멈추어 나의 가치를 점검할 필요가 있다. 누군가가 원칙을 지키는 것은 자신 혹은 다른 누군가를 힘들게도 한다. 로버트 딜츠는 나의 가치와 원칙을 확정하기 전에 그에 따른 행동이 자신과 타인에게 조화로운 것인지 점검해보기를 권하고 있다. 내가 세운 원칙이 스스로에게는 어떤지, 다른 사람에게는 어떤 여파가 미치는지를 살펴보는 것이다.

먼저 원칙에 따른 행동이 스스로와 일치되어 편한 상태인지를 점검한다. 아침 일찍 일어나겠다는 원칙을 세웠지만 밤늦게 보는 영화나 게임을 즐긴다면 이 원칙은 나를 힘들게만 할 뿐이고 이는 원칙을 지키는 것이 아닌, 원칙에 치이는 일과 다름없다.

다음으로는 주변 사람들과 조화로운가를 점검한다. 나의 원칙적 행동으로 주변 사람이 힘들어하고 저항한다면 이 원칙을 끝까지 지켜나가는 것은 어려운 일이 된다. 매주 낚시하러 가는 것을 원칙으로 했을 때 나에게는 이것이 휴식일지라도 가까운 가족 누군가가 힘들어한다면 이 역시 원칙에 치이는 일이 된다.

모두에게 좋을 원칙

원칙이라는 말이 버겁게 느껴진다면 나만의 기준 혹은 나와의 규칙이라는 관점으로 접근하라. 나만의 경험이나 가치가 반영되어 일관성 있게 지켜 가고자 하는 것을 정하면 된다. 예컨대 자동차 운전에서 나는 '코너를 돌기 전 반드시 브레이크를 밟아 속도 줄이기'와 '졸리면 반드시 멈춰 쉬기'를 지킨다. 매년 4월 5일이면 어떤 강의 요청도 받지 않는다. 결혼기념일에 아내와 함께하기 위한 나만의 약속이다. 원칙을 지킬 때면 "나는 이렇게 살기만 하면 될 것 같아."라고 말이 절로 나오고, 스스로를 신뢰하게 된다.

이처럼 자신과 주변 모두에게 이득이 될 나만의 원칙에는 어떤 것이 있는지 분명히 기록해보자. '이렇게 살면 된다!'라는 느낌이면 된다.

환경과 조화된 나만의 원칙

1.

2.

3.

인정 없이 며칠이나
버틸 수 있을까?

만약 직원들이 리더를 인정하지 않는다면 그 사람은 리더라 할 수 있을까? 직원의 신뢰를 받지 못하는 리더는 그 자리를 얼마나 버틸 수 있을까?

주 52시간 근로를 준수해야 하는 법이 생기자, 어느 기업에서 야근이나 연장 근무 없이 업무 몰입을 통한 근무 시간 내 성과 달성 방안을 모색하는 자리를 만들었다. 워크숍 주제는 '업무 몰입'이었고, 직원들의 솔직한 생각을 들어보고자 '직원의 소리'라는 사전 설문을 받았다.

후배 직원들이 리더 때문에 겪는 어려움(VOC)

· 긴급한 지시에 대한 자료 준비 때문에 업무 몰입이 안 된다.

· 불명확하게 지시하여 중간에 다시 해야 하는 일이 많다.

· 나에게만 업무가 쏠려 제시간에 마치기 어렵다.

· 이 업무를 왜 해야 하는지 설명이 없어서 그냥 시키는 대로 한다.

· 회의가 잦아 업무 몰입이 어렵다.

· SNS 때문에 퇴근 후 밖에서도 일하게 된다.

· 제 휴대전화도 저와 함께 퇴근하게 해주세요.

'직원의 소리(Voice of Customer)'에는 일 하면서 겪는 어려움이 솔직하게 담겨 있었다. 내용을 읽어 본 리더들은 이내 웅성거리기 시작했고, 그럴 줄 알았다는 듯 자조 섞인 웃음도 들렸다. 워크숍 참석자는 해당 부서의 변화를 주도할 권한과 책임이 주어진 리더(보직자)들이었다. 우리는 VOC로 상황을 파악한 후, 몰입을 어렵게 하는 문제의 원인이 무엇인지 분석하는 시간을 가졌다. 문제의 원인은 조직 차원, 리더 차원, 업무 차원에서 접근했다.

조직 차원에서 몰입을 어렵게 하는 요인에는 장시간의 비효율적인 회의, 과다한 행정 업무, 지나친 규범이 문제의 원인으로 밝혀졌고, 리더 차원에서는 잦은 업무 지시, 업무량을 고려하지 않은 업무 할당, 불명확한 업무 지시, 불공정한 평가를 뽑았다. 업무 차원에는 업무의 배경을 알려주지 않아 왜 이것을 수행해야 하는지 모르면서 일하는 것과 업무수행 중 재량권이 없다는 것을 원인으로 꼽았다.

이어서 중요성과 긴급도에 따라 주요 이슈를 선정한 후 해야 할 과제를 뽑고, 과제별로 해결 방안을 찾는 과정이 있었다. 조별로 해결 방안을 찾고 그 결과를 벽면에 게시하여 공유하는 시간이었다.

그런데 해결 방안 중에 "리더를 없애자!"라는 의견이 나왔다. 마치 독재에 항거하던 시절 학교에 붙은 대자보를 연상케 했다. 더군다나 피 끓는 학생이 아닌 리더급 보직자에게서 나온 말이라 충격이었다. 워크숍 진행 규정에 특정인을 거론하거나 성토하는 것을 배제한다고 분명히 언급했음에도 불구하고 대안으로 나온 문구였다.

이들의 의견을 들어보니 해당 부서의 근본적인 문제의 원인은 리더의 아쉬운 행동 일부가 아니라 '리더 자체'라는 것이다. 장난스럽게 적어 낸 것인 줄 알았는데 직접 확인해보니 고민을 거듭한 끝에 내놓은 답이었다. 놀랍게도 이 말인즉슨 보직자급에서 상위 리더를 인정하거나 신뢰하지 않고 있다는 것이었다. 이렇게 직원들이 리더를 받아들이지 않는다면 해당 리더가 존재할 이유가 있을까? 그 리더는 긍정의 영향력을 발휘하지 못하고 있었고, 직원들의 마음에서 이미 탈락한 리더였을 뿐이다.

내가 나를 부정하다

　나도 나를 인정하지 않았던 적이 있다. 그 당시 나는 스스로가 너무 쓸모없고 보기 싫어서 나라는 존재를 인정하고 싶지 않았다. 빨래판에 놓고 빨랫방망이로 흠씬 두드려 며칠이 걸려도 때 묻은 자국을 다 없애버리면 좋겠다고 생각했다. 그러나 이미 저질러진 것을 없앨 방법은 없는 것이다. 내가 할 수 있는 것은 과거의 나는 내가 아니라고 '부정'하는 것뿐이었다. 그래야 살 수 있을 것 같았다. 지우고 싶은 과거의 일이 떠오를 때마다 고개를 절레절레 흔들며 소리를 꿱꿱 질러댔다. 그러면서 "과거의 나는 내가 아니다."를 반복했다. 그렇게 머리를 저어보아도 과거의 나는 떠나지 않았고, 지금의 내가 과거의 나라는 생각밖에 안 들었다. 도무지 방법이 없다는 느낌이 들자 어느 순간부터는 "아, 정말 죽어버리는 게 낫겠다."라는 생각을 했다. 죽어버리는 게 낫겠다는 생각이 머리에 맴돌고부터는 "어떻게 죽으면 좋지?"를 찾기 시작했다.

죽을 궁리를 하는 그 순간에도 사실 안 아프게 죽는 법을 찾고 있었으니 엄밀히 따져보면 죽을 생각보다는 내 존재를 없애고 싶다는 생각을 했던 것이다. 나라는 존재를 인정하고 싶지 않으니 어떤 일을 해도 의미 없게 느껴지고 의욕도 생기지 않았다.

이미 예정된 일정에 따라 강의를 하러 가는 날은 내가 더욱 싫어졌다. 마치 아무 일도 없던 것처럼 많은 사람 앞에서 미소를 띠거나 긍정의 언어를 전해야 했기 때문이다. 최고의 연기자, 최악의 위선자가 따로 없었다. 도무지 마음과 몸의 일체감이 없었다.

마침 서울을 떠나 며칠간 진행되는 크리스천 프로그램에 자발적으로 참여했다. 처음 겪는 종교적 의식에도 나는 아무런 장애나 저항을 받지 않았다. 나를 버리고 싶었으니까. 나를 다른 무언가로 새롭게 채우고 싶었으니까.

나와 방을 함께 사용한 어느 목사님은 적응하기 힘들다며 2일 차에 중도 하차하였건만, 나는 십자가에 못 박는 의식이나 통성기도 의식도 다 치렀다. 3일간 외부에 연락도 못 하고 창밖 세상은 구경조차 할 수 없었지만 차라리 그것이 편했다. 마지막 날 커튼이 걷히고 바라본 세상의 전경은 눈부시게 아름다웠다. 사람들은 환호성을 지르며 과정이 끝난 것을 기뻐하고 감사해 했지만 나는 이 과정이 끝나지 않기를 원했다.

크리스천 프로그램을 마치면서 입소할 때 찍은 사진을 선물로 받았을 때, 사진 속 내 모습에 화들짝 놀랐다. 내가 이런 모습을 하고 살았다니! 사진 속에는 처음 보는 죄수가 있었다. 어두운 얼굴이 퉁퉁 부어 있고 눈빛은 이미 죽어서 카메라를 보는 것이 아니라 초점 없이 허공 어딘가를 보고 있고, 어깨는 젖은 빨래처럼 아래로 축 늘어져 있었다. 가장 불쌍한 자화상이었다.

너새니얼 브랜든은 자존감 높은 사람의 신체적 특징은 눈빛이 밝고 또렷하며 얼굴이 편안해 보이고, 어깨는 곧게 펴있고 손놀림은 자연스럽고 우아하며, 자세는 균형이 잡혀 있고 발음이 또렷하다고 했다. 그리고 발걸음도 당당하다고 했다. 신체적 특징만 봐도 나의 모습은 자존감이 바닥난 상태였다. 이 상태로 계속해서 나의 존재를 인정하지 않고 부정한다면 과연 내가 얼마나 버틸 수 있을까?

평범한 사람에게서만이 아니라, 건강하지 못한 자아의 모습은 한나라를 이끄는 리더들에게서도 찾아볼 수 있다. 조선시대 왕 중에 자신의 부정적 흔적에서 벗어나지 못하고 휘둘리다 결국 건강한 자아를 회복하지 못했던 세 명의 왕이 있다. 영조, 인조 그리고 연산군이다.

영조는 경종을 독살하여 왕이 되었다는 과거에서 벗어나지 못했고, 그를 지지하던 노론 세력에 휘둘리다 결국 아들인 사도세자를 뒤주에 가둬 죽게 했다.

인조는 청나라 황제에게 머리를 조아리며 씻을 수 없는 굴욕을 경험한 이후 열등감을 극복하지 못하여 서양의 박학한 과학기술을 배워 온 장자 소현세자(昭顯世子)와 갈등했고, 귀국한 지 두 달 만에 세자는 의문의 죽음을 맞았다.

연산군도 마찬가지였다. 《조선왕조실록》에 따르면 연산군은 자신의 내면을 쉽게 드러내지 않는 음험한 구석이 있었으며 괴팍하고 변덕스러웠다고 묘사되어 있다. 어머니 폐비 윤 씨의 이야기를 알게 된 연산군은 인수대비의 머리를 들이받아 절명케 하는가 하면 윤 씨 폐출에 가담한 성종의 후궁들과 그 자손들, 그리고 내시와 궁녀들까지 모조리 죽였다. 모든 권력을 손아귀에 쥐게 되자 경연과 사간원, 홍문관 등을 없애 버리고 모든 상소와 상언, 격고 등 여론과 관련되는 제도들을 남김없이 처리해 버렸다.

자신을 직면하지 않고 자기와 관련된 부정적 흔적을 없애는 것에 몰두하는 모습은 분명 자존감 낮은 왕의 일면을 보여준다. 지각적 입장에서 보면 1차 입장의 리더들이다.

너새니얼 브랜든은 《자존감의 여섯 기둥》에서 자존감은

완벽한 존재의 이미지와는 무관하기에 "비판을 받아들이는 열린 태도나 자신의 실수를 편안하게 인정하는 마음에서 드러난다."라고 했다.

이처럼 과거의 자기를 미워하고 부정하며 스스로 인정하지 못한 왕들은 상처를 건강한 방법으로 극복하지 못한 사람들이다. 자기 부정과 불신은 자존감 저하의 요인이 된다. 자기 불신은 변화에 대응하기를 두려워하게 하여 외려 손에 쥐어진 권력으로 바깥세상 바꾸려는 데 혈안이 되게 만든다.

반면 자존감이 높은 왕은 자기의 약점을 인정하고 있는 그대로 받아들인 후 높은 차원인 3차 혹은 4차 입장에서 자신과 전체를 바라보는 리더다. 자존감 높은 대표적인 왕이 정조다. 정조는 아버지 사도세자의 죽음을 목격했지만, 연산군처럼 감정에 휘둘리지 않았다. 너새니얼 브랜든이 지적한 것처럼 높은 자존감의 대표적 특징인 합리성을 바탕으로 의식의 통합적 리더십을 발휘한 것이다. 정조는 합리적인 개혁 군주로서 반대세력인 노론까지 끌어안았다. 바깥세상이 산업혁명으로 변혁을 꾀하던 시기에 후진적인 농업에 머물던 조선의 현실을 직시한 정조는 상업 정책과 과학 문물을 과감히 수용하여 조선의 개혁을 시도한 그야말로 자존감 높은 왕이었다.

2박 3일간의 종교행사를 통해 나를 씻어내려고 했지만 스스로를 미워하는 상태에서 상황이 좋아질 리 만무했다. 나는 현실을 대면했다. 더 이상 행동을 합리화하거나 도망치지 않고 진심을 담아 나와 직면하는 시간을 가졌다.

그 결과 나는 나를 버리려고 하지 않았음을 알았다. 나좀 알아달라고 발버둥 치며 떼쓰는 것이었지 결코 죽기를 바라지는 않았음을 확인한 것이다. 여전히 나는 나를 조금 사랑하고 있었다. 그다음에는 이런저런 핑계로 합리화하던 것을 그만두고 힘들지라도 잘못부터 받아들여야 했다.

종교행사에 참석하며 찍었던 사진 속의 나는 외로움에 쪼그리고 앉은 어린애처럼 보였다. 사진 속의 아이는 힘에 겨워 울고 있었지만 손잡아줄 사람이 어디에도 없었다. 자신에게조차 버림받은 아이를 반겨줄 사람이 없으니 갈 곳도 없었다. 참가자들이 다들 집으로 돌아갈 때 나는 집으로 가야 하나 말아야 하나 망설이고 있었다. 갈 데 없고 서 있을 곳 없는 처량한 존재였다. 그때부터 알게 되었다. 내 안에 울고 있는 나에게 손을 내밀어 나부터 일으켜 세워야 한다는 것을. 내가 나의 손을 잡아 줄 때 누군가도 내 손을 잡아줄 수 있다는 것을.

그러니 나를 위해서 맛있는 것도 더 많이 사주고, 멋진 옷도 입혀주고, 여행도 가주며 스스로를 살뜰히 보살펴 의식적으로 사랑하는 것이 자기 회복의 출발이다.

직원이 리더를 인정해야 리더의 자격이 주어지듯, 리더는 자신의 실수와 부족을 인정할 수 있어야 한다. 자기 반성과 인정 없이 굳건한 리더는 없다!

가장 중요한 것을
남기는 힘

〈신밧드의 모험〉은 어릴 적 신나게 본 만화영화다. 이 만화의 주제가를 다시 듣는 순간 몸속에 그때 느꼈던 기대와 설렘이 나만의 느낌으로 살아난다. 요술 램프를 문지르면 근육질 요정 지니가 팔짱을 끼고 나타나 주인님의 명령을 기다리고, 주인이 말하는 대로 소원이 이루어지는 말 그대로 내 손 안에 하나님이다.

한밤중에 나에게도 램프의 요정이 나타났다. "주인님, 원하는 것이 무엇입니까?"라고 물었을 때 시골에 살고 있던 나는 평소 갖고 싶었던 장난감 차, 물속을 훤히 볼 수 있는 수경 그리고 서울의 동물원 구경이라고 서슴없이 말했고 그 소원이 다 이루어졌다.

어른이 된 어느 날 램프의 요정을 다시 만났는데 지니는 어김없이 3가지를 소원을 물었다. 너무 오랜만에 얻은 대박 행운의 기회인지라 내 인생에서 가장 중요한 걸 말해야겠다고 작정했다. 그런데 입 밖으로 소원을 말하려는 순간 멈칫할 수밖에 없었다. 어릴 적처럼 소박한 소원을 말해 일생일대의 기회를 날리지 말고 인생에서 가장 중요한 것을 빌어야 하지 않겠는가.

제일 처음으로 '가족의 행복'이라고 말하려는데, 그건 좀 막연하다는 생각이 들었다. 그래서 구체적으로 '가족과 해외여행'이라고 말하려 했지만 그건 돈만 있으면 해결되는 것이었다. 그래서 돈을 원한다고 말하려는데 얼마를 불러야 할지 액수가 떠오르지 않았다. 돈을 원하면서도 딱히 얼마인지 왜 그 액수가 필요한지 생각해 본 적이 없었다. 10억? 100억? 너무 소심한가? 더 불러도 되려나? 내가 너무 속물처럼 보일까? 좀 품위 있어 보이려면《의식혁명》에 나오는 깨달음, 평화, 기쁨, 사랑을 빌어야 하나?《해피어》에서 행복요인으로 제시한 즐거움, 의미가 아무래도 좋으려나? 꼬리에 꼬리를 무는 물음표만 머릿속에 나타났다 사라지기를 반복했다. 그러자 최근의 지니는 자기도 모르겠다는 듯 허공에 물음표 모양 솜사탕 하나를 달랑 던져두고 이

내 사라져버렸다.

지금의 삶에서 중요한 것을 말하고 나면, 지금보다 더 중요한 무언가를 놓칠까, 말할 기회가 없을까 이리 재고 저리 재며 머뭇거리다 결국 다 놓쳐버린다.

제법 나이를 먹었을 때 마지막 기회가 찾아 왔다. 램프의 요정이 세 번째 나타난 것이다. 이번에는 이리저리 재지 않고 즉각 소원을 빌어보기로 했다. 마침 요즘 직장에서 일과 사람에 치여 삶이 팍팍해진 마당에 영화 속에서 본 대저택의 호화로운 홈파티 장면이 생각나 대뜸 첫 번째 소원을 빌었다.

"일하지 않고도 평생 놀고 먹으며 살 수 있는 정도로 수영장 딸린 큰 집 한 채 있었으면 좋겠다."

그 순간 평소 생각해두었던 이미지대로 대저택에 최고급 수영장이 펼쳐졌다. 이렇게 소원이 이루어지니 벅차고 행복했지만 나의 성공을 아무도 알아주지 않으면 모든 게 의미 없다고 느껴졌다. 행복하려면 물건을 사는 것보다 경험을 사는 게 낫다는 최인철 교수의 말이 떠오르며 그동안 마음에만 담아둔 삶을 현실로 만들고 싶었다.

"지금 당장 이 수영장에서 나와 함께 신나게 놀 수 있는 연예인들이 있으면 더욱 좋겠다!" 두 번째 소원을 말하자 평소 TV와 영화에서 보았던 연예인들이 나타났다. 순간 너무 행복하고 눈물겨울 정도로 감격한 나머지 작게 중얼거렸다.

"세상에나! 세상에나! 나에게도 이런 말도 안 되는 일이 일어나다니! 나처럼 별 볼 일 없는 놈이 이런 저택과 수영장에서 놀고 있다는 건 말이 안 돼. 이건 틀림없이 꿈일 거야!"

그 순간 램프의 요정은 대저택과 연예인들을 데리고 요술 램프 속으로 쏙 들어가 버렸다. 큰 소리로 말한 것도 아니고 그냥 작게 중얼거리기만 했을 뿐인데, 하필 이때 말이 툭 튀어나와 이루어지다니……. 나는 약이 바짝 올라 "안 돼! 그만! 거기서!"라고 낼 수 있는 가장 큰 소리를 냈다.

마을버스 기사와 버스 안 모든 사람이 나를 쳐다보았다. 정신을 차린 나는 헐레벌떡 버스에서 뛰다시피 내렸다. 버스 광고판에 걸린 신간 도서의 문구가 눈에 들어온다.

'늘 가까이 있어야 소중하다!'

나도 모르게 중얼거린다.

"늘 가까이 있어야 소중하다?"

꿈은 이렇게 내 현재 마음 상태를 반영한다. 별똥별 떨어지는 짧은 순간에도 말할 수 있어야 진정 간절한 소원이듯, 늘 있는 공기처럼 이미 내가 가지고 있는 것들이 가장 소중한 것이다. 늘 내 옆에 있어 주는 사람이 가장 소중한 사람인 것처럼 말이다.

과거와 현재가 일관성 있어서 누가 봐도 같은 대상으로 명확하게 볼 수 있는 것을 밀턴 에릭슨(Milton H. Erickson)은 '정체성'이라고 했다.

시장에서 과일을 사보면, 과일이 고유한 자기 가치를 드러낼 때 선택받는다는 것을 알 수 있다. 빨간색이어야 할 딸기가 푸른색을 가질 때는 선택 받지 못하듯이, 자기가 가지고 있는 고유의 모양이나 색상 그리고 맛을 일관성 있게 가지고 있을 때 과일의 정체성이 뚜렷해지고 고유의 가치가 드러나는 법이다. 과일이나 사람이나 자신의 정체성이 뚜렷할 때 비로소 그것만의 가치를 매길 수 있게 된다.

과일 가게에는 형형색색의 과일들이 자기의 가치를 뽐내며 전시되어 있다. 사과, 배, 오렌지 그리고 키위도 보인다. 어느 날 비닐하우스 출신인 딸기가 새로 전시되면서 소비자의 사랑을 독차지했다. 바로 옆에서 이 모습을 지켜본 키위는 딸기가 너무 부러웠고 이내 딸기가 되기로 했다. 딸기가 되고 싶은 키위는 세상에 나온 모든 자기계발서를 탐독한 뒤 바로 실행했다. 매일 딸기 모양의 그림을 그리며 플래너에 소원을 기록한다. 단 한 가지의 소원을 100일 이상 빌기로 하고 매일 실천했다.

"우주, 하나님 저도 딸기가 되어 사랑받게 해주세요."

구체적인 딸기의 이미지를 떠올리며 "나는 점점 딸기로

바뀌고 있다." 혹은 "나는 이미 딸기가 되었다."라고 적어놓고 호흡을 참아가며 기도하기도 했다. 키위인 자신에게는 붉은색이 없다는 것이 약점이라 규정하고, 실현 가능성 없는 목표에 온 에너지를 소모했다. 끝내 키위는 '모든 기도는 허망한 것이고 아무짝에 쓸모없는 것'이라고 자신의 실패 경험 하나를 일반화하기에 이른다.

생각해보라. 만약 신이 있어 키위의 소원에 응답했다면 어떤 일이 벌어질까? 딸기처럼 껍질이 빨간 키위가 되었다면 키위는 이도 저도 아닌 정체 모를 과일이 될 뿐이다.

"변하되 변함없는 것이어야 한다."

자존감은 타고난 기질과 성격을 바꾼다고 생기는 것이 아니다. 원래 타고나서 나다운 참이 무엇인지 분명히 아는 것에서 시작하여 고유의 가치를 인정하고 사랑하는 것으로 나아가야 한다. 변함없는 것. 나의 정체성이 되는 것까지 바꾸려는 시도는 결국 자신을 부정하며 인정하지 않는 것이 되어 나를 힘들게만 할 뿐이다.

인생에서 중요한 것은 변함없이 있어 주는 그 무엇이다. 그러므로 나다운 것을 분명히 하는 것이 가장 중요한 나를 지키는 힘이 된다. 딸기는 딸기의 참맛, 키위는 키위의 참맛이 있으며 그것만으로 가치가 있다. 우리도 원래 생겨 먹은 그 자체만으로 존재할 가치가 충분하다. 세상의 기준에 맞추려고 하면서 나 자신을 잃어갈 필요는 없다.

"달아나는 노루 보고 얻은 토끼 놓쳤다."라는 우리 속담이 있다. 욕심을 부리다가 결국 손에 가진 것까지 잃었다는 말이다. 더 좋은 것을 찾느라 이미 내가 가진 소중한 것까지 놓치지 말자. 변함없는 나를 나답게 하는 기질과 성격은 변함이 없어도 무방하다. 이미 가지고 있는 것, 그리고 내 옆에 늘 가까이 있는 것들을 소중히 여기며 지켜주는 일이 가장 중요한 것을 남기는 힘이다.

기다리는 것이
도와주는 것이다

독서모임을 마치고 집으로 돌아오는 토요일 정오의 전철은 여유롭다. 오늘 처음 뵌 작가님을 다음 역에서 배웅하고 빈자리에 앉아 핸드폰으로 모임 후기를 남기고 있었다. 얼마 지나지 않아 옆자리에 앉아 있는 청년의 행동이 남다르게 느껴졌고 점차 신경이 쓰이기 시작했다. 운동화를 신은 한 발을 옆자리에 올려놓은 채 헤드폰으로 음악을 들으며 소리 내어 노래도 불렀다. 두 사람이 앉을 수 있는 자리를 혼자 차지하고 있는 데다 신발을 올리고 천연덕스럽게 앉은 청년을 보며 남 신경 안 쓰는 젊은이라고 생각했다. 여러 사람 앞에서 서로의 애정을 과시하는 이들을 흔히 보아 왔던지라, 옆에 삐딱하게 앉아 있는 청년에게는 눈길 주지 않는 게 편하겠다는 생각으로 신경 끄기의 상태를 유지하고자 했다. 하지만 청년의 행동이 심상치 않음을 아는 데 그리 오래 걸리지 않았다.

처음에는 노래를 크게 따라 부르는 줄 알았지만 제법 큰 소리로 똑같은 말을 반복하는 거였다. 그때부터 주변 사람들의 시선은 그 청년에게로 집중되었다. '못된 청년'이 불량스럽게 앉아서 대놓고 큰 소리로 노래를 부르고 있으니 사람들의 심기가 뒤틀려가는 것이었다. 게다가 주변 상황에 휩쓸려 자연스럽게 시선이 집중되는 무언의 동조 현상까지 일어났다.

그때 나는 청년이 어떤 상태에 있는지 바로 알아차릴 수 있었다. 친척 중에도 청년과 유사한 행동을 보이는 아이가 있기 때문이다. 우리는 누군가의 행동을 보고 이해할 수 있으면 마음에 동요가 가라앉게 된다. 괜한 호기심과 불편한 시선으로 청년을 바라보는 사람들의 관심을 누그러뜨리고 싶었다. 그들의 시선을 다시 원래의 상태로 돌리게 하는 것에, 바로 옆에 앉은 나부터 태연한 모습을 보이는 게 좋겠다 싶었다. 그래서 독서모임 후기를 계속 써나갔다. 잠시 후 사람들의 시선도 각자의 관심사로 돌아갔다. 그렇게 몇 정거장을 지나 어느 역에서 문이 열리고 젊은 여성이 청년 앞으로 다가왔다. 여성은 예의를 갖추었지만 분명하게 청년에게 요구했다.

"저 여기 좀 앉을게요!"

청년이 다리를 올려놓은 그 자리를 비워달라는 것이다. 음악을 듣고 있던 청년은 아무 반응을 보이지 않았고, 젊은 여성은 재차 요구했다.

"저 여기 앉을게요!"

긴장이 흘렀다. 하지만 청년은 대꾸는커녕 어떤 미동도 없이 음악을 들으며 무심히 같은 말을 반복했다. 어이없다는 듯 여성은 더 이상의 요구 없이 다른 곳으로 걸어갔다. 지적장애 청년이라고 이해한 것인지 알 수 없지만 더 이상의 실랑이가 없어 다행이었다. 몇 정거장을 지나 그 청년은 가방을 들고 아무 일 없이 흥얼거리며 전철에서 내렸다.

나는 적극적으로 나서서 누군가를 돕는 것에 서툴다. 대신 옆에서 있는 그대로 바라봐 주거나 있는 그대로 이해해 주는 것은 어렵지 않다. 리더 역시 때로는 이렇게 옆에서 편히 앉아 있어 주는 것만으로 직원을 도울 수 있음을 알아야 한다.

중국에는 '모소'라는 대나무가 있다. 이 대나무의 씨앗은 땅에 심는 즉시 수면 상태에 들어가 죽은 것처럼 보인다.

이런 수면 상태는 햇빛, 물, 영양을 최상으로 공급하기에 아무리 정성을 기울여도 5년 동안 잠에서 깨어나지 않는다. 그러다가 정확히 5년이 지나면 급속히 자라 하루에 30cm씩 자라고 6주가 지나면 15m에 이르게 된다. 모소 대나무의 비밀은 뿌리에 있다. 땅속에서 깊고 넓게 뿌리 내릴 시간을 충분히 확보한 뒤 그 뿌리를 통해 엄청난 양의 자양분을 흡수하여 폭발적으로 성장한다.

사람들이 더딘 성장을 기다리지 못하고 더 빨리, 더 먼저, 더 앞서 재배하고자 비료를 듬뿍 줘버리면 뿌리는 썩게 마련이다. 모소 대나무가 잘 크도록 기르는 방법도 그 생물의 특성인 수면 상태를 허용하고 기다려주는 것이다.

직장의 리더도 마찬가지다. 조금 더 지켜봐 주고, 느긋하게 기다려주는 것만으로 직원에게는 믿음을 주는 일이 된다. 기다릴 줄 모르고 조바심을 보이며 재촉할수록 직원의 업무 몰입은 떨어지고, 그들은 깊게 생각하며 일할 기회를 박탈당한다.

'답 주기'와 '참견하기'에 익숙한 리더들은 하나같이 직원을 육성하는 방법이 서툰 리더다. 리더가 직원에게 일을 맡길 때 '위임'과 '기다림'을 간과하면, 덩달아 마음이 조급해진 직원은 리더의 심기를 읽어야 하므로 '눈치로 일하는 능력'만 키우게 된다. 그러므로 직원이 단기적이고 가시적인 일에만 신경 쓰고 있다면, 리더인 내가 그를 닦달하고 있지는 않은 지 돌아볼 일이다.

리더가 때를 기다리는 것은 특히 장기전에서 가장 큰 무기가 된다. 일본 전국을 평정한 도쿠가와 이에야스(德川家康)는 "인생은 무거운 짐을 지고 가는 먼 길과 같으니 절대로 서두르지 마라."라는 말과 함께 전후 일본인에게 가장 많은 영향을 끼친 인물로 재평가받고 있다. "새가 울지 않으면 노부나가는 새를 죽여 버리고, 히데요시는 새가 울게 하며, 이에야스는 새가 울 때까지 기다린다."라는 말에서처럼 초인적인 인내와 기다림은 도쿠가와 이에야스의 가장 큰 무기였다.

흔히 남의 자식은 가르치기 쉬워도 내 자식 가르치기는 어렵다고 한다. 가까운 사람을 가르치는 것이 어려운 이유는 무엇일까? 가까이 있는 사람일수록 있는 그대로 바라보고 기다려주는 것이 힘들어서가 아닐까? 리더나 부모가 조급할 때 자주 하게 되는 말이 있다.

"이게 다 너를 사랑하기 때문에, 너를 위하기 때문이야."

우리는 그를 위해서라고 말하지만, 상대가 원하고 바라는 진짜 사랑은 허용하고 기다려주는 것일지도 모른다.

세계적으로 1,500만 부가 판매된 《행복한 이기주의자》의 저자 웨인 다이어(Wayne Dyer)는 '사랑'이란 "좋아하는 사람이 스스로를 위해 선택한 일이라면 무엇이나, 그것이 자신의 마음에 들든 안 들든 허용할 줄 아는 능력과 의지다."라고 했다. 그렇다. 사랑은 기다리는 것이고 허용하는 것이며, 기다리는 의지와 허용하는 의지가 필요한 것이다. 나 또한 자식들에게 어떤 조건이나 단서 없이 그들이 택한 것을 허용하는 연습을 하기 시작했다. 각자의 선택과 판단을 믿고 기다려주는 것도 습관이 될 때까지 계속 연습해 나가야 한다. 내 중심의 가치와 판단으로 아이들의 삶에 개입하면 집착이 될 수 있다. 더러는 무심히 지켜보는 것이 집착을 떼어내는 약이 된다.

나는 아주 급한 사람이었다. 사람들이 줄 서서 기다리는 소문난 식당을 별로 가보지 못했다. 아니 식당을 찾아갔지만 길게 늘어선 줄에 지레 돌아섰다. 아이들을 기다려주지 못했던 것처럼 식당에서도 내 순서가 오기를 기다리거나 음식을 기다리기조차 쉽지 않았던 것이다.

아들에게 '기다려주기'에 대한 의견을 물었더니 "나는 기다릴 가치가 있는 맛집은 기다렸다 먹어요."라고 답하는 것이다. 아들은 이미 기다림이 주는 가치를 알고 생활에서 적절히 사용하고 있었다.

웨인 다이어가 사랑은 허용할 줄 아는 능력과 의지라 했듯이, 직원을 위하는 리더가 되고 싶다면 조급함을 더 내려놓고, 각자의 선택과 판단을 믿고 허용하는 일을 조금씩 더 늘려보라. 부모가 아이의 실수를 지켜보며 성공을 경험할 때까지 가만 기다려주면 아이의 자기효능감과 자존감이 길러지는 것처럼 리더 또한 여유 있는 모습으로 기다려 줄 때 직원도 심리적인 안정을 찾고 깊이 생각하며 일할 수 있고 전적으로 업무에 몰입할 수 있게 된다.

'너무 나서면 안 돼'의
올가미

어릴 적 나는 착한 아이로 인정받는 방법을 잘 알고 있었다. 시골 동네 어른들에게 깍듯하게 인사하기, 어른들 앞에서 까불며 나대거나 어른 이야기에 끼어들지 않기와 같은 것이다. 그것은 그다지 어려운 게 아니라서 어른을 보면 인사하고, 할머니가 데리고 간 이웃 잔칫집에서는 먹고 싶은 음식에 함부로 손대지 않으면 되고, 칭찬받아도 으쓱하지 않으며, 의견이 있어도 또박또박 말대답하지 않고 그저 땅이나 쳐다보면 되니 식은 죽 먹기였다.

만초손 겸수익(滿招損謙受益)이란 말인즉 거만하면 손해를 보며, 겸손(謙遜)하면 이익을 본다는 뜻이다. 이 말마따

나 어른들 앞에서 하고 싶은 말 다 하여 되바라지고 건방지다는 이야기를 듣기보다 입 닫고 있으면 착하다고 칭찬도 받고 심지어 떡이 생기고 돈도 생겼다. 어른의 뜻을 거스르지 않고 내 욕구를 강하게 주장하지 않으면서 '겸손해지는 법'으로 무장한 어린 시절을 보냈다.

직장 생활을 그만두고 1인 사업가로서 강의를 시작할 때였다. 나를 세상에 알리는 일부터 하는 게 당연한 순서이겠지만, 나는 나를 알리는 일이 가장 힘들고 어색했다. 마치 어릴 적 시골에서의 그 모습처럼, 널리 알려져서 강의 기회가 많아지기를 진심으로 원했으면서도 나를 드러내는 일은 매우 힘들었고 거기에는 몇 가지 걸림돌도 있었다.

첫 번째 걸림돌은 이제 시작하는 새내기 강사라서 강의 경력이 없고 프로그램도 많지 않으니 내세울 게 없다는 생각이었고, 또 하나의 걸림돌은 내가 나를 직접 알리는 것은 자존심도 없는 싸구려 강사라서 직접 영업하는 것 같을 거라는 생각이었다. 그러니 세상 밖으로 나왔으면서도 나를 알리기보다 전화가 와주기만 기다리는 어처구니없는 방식으로 일을 할 수밖에 없었다.

내세울 게 없다는 생각과 누군가 나를 알아봐 주기만 기다리는 방식에 발목 잡혀 있던 나는, 내 명함으로 나를 알리려는 시도 대신 친구를 찾아가 명함을 만들어 달라고 부탁

했다. 그의 브랜드에 빌붙어 내 이름을 넣어볼 심산이었다.

"난 이제 시작이니 아직 보여줄 게 없어." "메뉴판만 근사하게 만들어 놓은 식당은 위선이야, 나의 얼굴이자 간판인 명함은 실력을 더 쌓고 나서 만들어야 해." "더 배우고 공부해서 때가 되면 당당하게 나를 알리자." 옳은 말 같지만, 하나같이 내 처지를 합리화하며 스스로 제한하는 내용뿐이다. 당당해지고 싶고 내 존재를 세상에 알리고 싶지만 내세울 콘텐츠가 없어 보이고, 그래서 만나는 것 자체가 두렵고, 잘난 것 없이 나댄다는 말로 상처받고 싶지도 않던 모습이다. 가장 안전한 방법은 나는 가만히 있고 누군가가 찾아와서 부탁할 때까지 기다리는 것이었다. 강사로서 유명해지고는 싶지만 "아무에게도 나를 알리지 마라."라고 말하고 있으니 이 얼마나 모순된 일인가?

겸손의 늪에서 빠져나오기 위해 나는 나를 제한하는 감정, 욕구, 생각이 무엇인지 살펴보았다. 밉보이지 않으려면 사람들에게 겸손해야 한다는 생각, 그러면서도 싸구려 강사로 취급받고 싶지 않은 욕구, 시장에서 인정받지 못할까에 대한 두려움 같은 것들이 보였다. 정리하면 "자존감을 지키며 살고 싶지만, 경력도 콘텐츠도 가진 게 없는 내가 시장에서 살아남으려면 사람들에게 겸손하기라도 해야 해."였다.

《자존감 수업》에서 저자 윤홍균은 "나는 사랑받을 자격이 없으므로 사랑해서는 안 돼." 혹은 "나는 아직 연애할 준비가 안 되어 있어."와 같이 생각하며 원하면서도 '기피' 하길 반복하는 사람은 처음에는 겸손하고 착해 보이지만 낮은 자존감으로 자기 삶을 제한하게 된다고 했다. 자기를 불신하여 자신의 가치나 능력을 믿지 못하고 경제적으로 무능해지는 문제도 생기는 것이다.

최근 《머니》, 《나는 직원 없이도 10억 번다》, 《백만장자 메신저》 등 성공적인 1인 기업가들의 이야기와 사고방식이 담긴 책들을 읽고 나서야 '착한 이미지'의 덫에 걸려 내 삶을 스스로 제한하고 있었음을 알게 되었다. 수익을 원하면서도 나의 가치와 능력을 믿지 못하는 낡은 생각으로 "이만큼만 받아도 된다."라는 식의 겸손한 태도로 일관해왔다.

겸손! 그것은 어린 시절의 나에게는 어렵지 않았다. 어린 내가 쓸 수 있는 하나의 무기였으니까. 하지만 자존감이 낮아진 약자가 사용하게 되는 겸손은 자기 비하와 자기 부정의 용도로 겸손의 진정한 가치에 부합하지 않는다.

이미 공을 세운 뒤에 그 자리에서 물러난다는 뜻의 공성신퇴(功成身退), 아는 것은 많지만 자신의 지식을 내세우지 않는다는 반부논어(半部論語)라는 사자성어가 있다. 모두 이미 공을 이루거나 지식이 풍부한 자의 겸손을 나타내는 말이다. 법륜 스님이 "당당하면서 교만하지 말고, 겸손하지만 비굴하지 말라."라고 했듯이 겸손은 당당한 사람이 교만하지 않으려고 쓰는 말이다.

특히 리더가 직원의 성과를 상사에게 알리는 상황에서는 겸손의 언어를 버려야 한다. "괜찮습니다.", "별말씀을요.", "아닙니다."라는 말을 남발하지 말아라. 직원들이 열심히 일해서 이루어낸 성과에 대해 리더가 당당해지지 않으면, 열심히 일한 후배들의 마음은 심란할 뿐이다. 또한 그다지 큰 성과도 아니라고 직원의 성과를 낮추어 보는 리더의 말은 열심히 일한 직원에 대한 배신의 표현이 될 수 있다. 나뿐 아니라 직원의 능력과 성과를 당당히 알려 그 가치를 정당하게 평가받도록 하는 게 리더의 일이다. 특정한 성과를 원하면서도 솔직하게 드러내지 않거나 나누지 않으면 원하는 걸 얻을 수 없다. 또한 좋은 정보를 조직 구성원과 나누지 않으면, 조직 안에서 해당 부서는 귀한 대접을 받지 못한다. 그러니 리더는 열심히 일한 직원들을 위해서라도 타인에게 지나치게 겸손하지 않길 바란다.

경험과 지식을 다른 사람에게 알리고 공유함으로써 가치와 혁신으로 연결되는 4차 산업혁명 시대에, 나서서 알리고, 나서서 들어주는 리더가 되어라.

행복한 이기주의자
vs 불행한 낙관주의자

한밤에 내 잠꼬대 소리가 울려 퍼지자 아내는 "무슨 안 좋은 꿈이라도 꿨어?"라고 묻고는 다시 잠들어버렸다. 나는 잠에서 깨어 가족이 모두 무사함을 확인하고 안도의 숨을 쉬었다. 전쟁으로 세상이 불바다인 꿈에서 깨어난 후 가족 모두 편히 자고 있으니 그것만으로 감사했다. 끔찍한 악몽이 현재에 대한 감사함을 주고, 지금의 행복을 알게 하니 나쁜 일이 꼭 나쁜 감정만 남기는 것은 아닐지도 모른다.

심리학자들은 이를 두고 '마음의 뺄셈(mental subtraction)'이라고 부른다. 마음의 뺄셈이란 이미 가지고 있는 것들을 잃지 않는 것이 얼마나 다행인지 아는 것이며, 이는 행복을 훨씬 더 의미 있게 만든다.

하버드대학교의 저명한 심리학자인 대니얼 길버트(Daniel Gilbert) 교수는 과학적 실험에 기초하여 행복을 연구한 학자다. 그는 인간은 큰 불운이 닥쳐도 내재된 '심리적 면역 체계' 때문에 행복할 수 있음을 그의 저서 《행복에 걸려 비틀거리다》에서 소개했다.

심리적 면역체계란 배우자의 죽음, 이혼, 부모와의 사별, 실직과 같이 자존감이나 행복이 위험에 처하는 경험을 하게 되었을 때 개인의 행복을 다시 찾도록 활성화되는 심리적 체계를 말한다. 어릴 적 악몽을 꾸고 잠에서 깨어난 나에게 "나쁜 꿈은 현실에서는 반대야."라고 말해주신 어머니 말씀이 영 틀린 말은 아니다.

마음의 뺄셈 작용은 스포츠 경기에서도 확인된 바 있다. 1992년 바르셀로나 올림픽에서 메달을 딴 선수들을 대상으로 조사한 결과 은메달을 딴 선수보다 동메달을 딴 선수들이 더 행복해했다. 은메달을 따낸 선수는 금메달을 따지 못한 아쉬움이 남아 행복감을 덜 느꼈지만, 동메달 선수들은 메달을 따지 못한 사람들을 생각하며 아쉬움보다 감사함을 먼저 느꼈던 것이다.

실제로 2004년 아테네 올림픽에서 37km까지 선두로 달리던 브라질 마라톤 선수 반데를레이 리마(Vanderlei

Lima)에게 예상치 못했던 불행한 일이 벌어졌다. 갑자기 뛰어든 아일랜드인 광신도에게 습격당하는 일을 겪은 것이다. 그럼에도 리마 선수는 운동장 한 바퀴를 돌아 아주 행복한 표정으로 환호하는 관중석에 양팔을 벌려 응답하며 3등으로 들어왔고, 브라질의 영웅이 되어 2016년 브라질 올림픽의 최종 봉화 선수가 되었다.

악몽을 꾸며 자신의 문제와 직면하게 되는 대표적 소설에 찰스 디킨스(Charles John Huffam Dickens)의 《크리스마스의 캐럴》이 있다. 천하에 둘도 없는 수전노인 주인공 스크루지 영감은 크리스마스 전날 밤 꿈에서 자기의 과거, 현재, 미래의 모습과 마주하게 된다.

자신의 묘지 앞에서 "구두쇠같이 돈만 아끼다 결국 이렇게 비참하게 죽었네."라는 사람들의 말을 듣게 되고, 잠에서 깨어난 뒤로는 감사한 마음으로 선행을 시작한다. 악몽을 통해 행복을 찾은 것이다.

만약 스크루지 영감이 끔찍한 악몽으로 자신의 현실을 직면하지 않았다면 이야기는 어떻게 전개되었을까? 엄청난 돈을 움켜쥐고 벅차도록 행복한 모습을 경험한 뒤 꿈에서 깨어났다면, 꿈속의 행복만큼 돈이 따라주지 않는 현실을 아쉬워하며 더욱 지독한 수전노가 되었을지도 모를 일이다. 수전노인 자기의 문제를 바로 볼 수 없으니 악착같이 돈만 모아가는 삶을 살았을 수도 있다.

긍정심리학에서는 '낙관성'을 행복의 주요소로 꼽는 낙관성은 미래에 대한 긍정적인 생각과 감정을 뜻한다. 낙관적인 사람은 인생의 긍정적인 면을 보기 때문에 난관에 부딪쳐도 용기와 희망을 잃지 않으며, 목표를 이루고자 적극적으로 노력한다. 그러나 긍정심리학에서도 '비현실적인' 낙관주의를 가질 경우에는 실패로 끝날 수 있다는 점을 지적한다.

마작으로 20년간 무패 신화를 달성한 사쿠라이 쇼이치는《운을 지배하다》에서 지나치게 긍정적이면 실패한다고 주장했다. 지나치게 긍정적이면 자칫 낙관적인 태도를 취하게 되어 지금이 괜찮은지 냉철하게 확인하는 과정을 소홀히 여긴다고 하면서 오히려 부정적인 태도로 마지막까지 체크 하는 것이 중요하다고 한다. '이쯤이면 되겠지'라는 자기 위안은 현실도피의 이면이므로 문제의 심각성을 진지하게 마주하지 않기 때문에 염려스럽다는 것이다.

그렇다. 아들과 나는 현재를 냉철하게 확인하는 과정에 소홀했다. 우리는 일종의 자기 위안, 현실도피에서 벗어나야 한다.

하버드대학교 교수로 재직 중 심장마비로 쓰러졌다가 기

적적으로 깨어난 하워드 스티븐슨(Howard Stevenson)은 그 날 이후 삶을 더 만족스럽게 사는 사람이 되었다. 스티븐슨 교수는 《하워드의 선물》을 통해 '요술 램프의 오류'를 지적하고 있다.

요술 램프의 오류에 빠진 사람들은 '이미 성공한 자신의 모습'을 간절히 상상하기만 하면 반드시 이루어진다고 믿는 사람들이며, 이들은 검증되지 않은 남의 생각을 쉽게 수긍하여 잘못된 판단을 내리게 된다고 본다. 또한 '즐거움과 열정의 오류'도 지적하였는데, 이는 어떤 일을 할 때 마냥 즐겁고 열정이 솟아나 실제로 잘하고 있다고 믿는 것을 말한다. 즐거움과 열정만 가지고 재능이나 지식의 단점을 극복할 수 없으니 자신이 정말 그 일을 잘 하는 건지 제대로 살펴봐야 한다는 것이다.

《신경 끄기의 기술》의 마크 맨슨(Mark Manson)도 무시해도 좋을 엉터리 가치에 '무한 긍정'을 리스트에 올려놓고 있다. 문제를 문제로 보지 못하게 만드는 '무책임한 긍정'을 비판하며, 문제를 해결하는 것은 문제 상황을 직시하여 그 사실을 있는 그대로 받아들이는 것에서부터 출발한다는 주장이다.

돌이켜보니 일곱 차례 수능을 치른 아들과 나는 요술 램프의 오류와 즐거움과 열정의 오류에 빠져 있었다. 이미 성공한 모습을 상상하며 그 기대감으로 한 해 한 해를 보냈고, 그것에 무책임한 낙관성이 힘을 보태어 남이 생각하는 것과 달리 매년 그리 힘들지 않게 지나 보낼 수 있었다. 하지만 잘못된 판단을 이어가게 만든 핵심 요인도 바로 이것이었다. 아들과 나는 불행한 낙관주의자인 셈이었다.

이제 나는 불행한 낙관주의자에서 행복한 낙관주의자가 되기로 했다. 나와 아들의 삶에서 낙관성을 절대 포기하고 싶지 않아서다. '아들은 왜 그렇게 긴 시간을 쓸데없이 보냈을까?'라는 표현을 다시 바꿔보면, '아들은 어떻게 7년간 반복되는 실패에도 도전을 멈추지 않았을까?'가 된다.

내게 있어 행복한 낙관주의자란 "나의 행복을 위해 내가 소중히 여기는 낙관성의 가치를 버리지 않는 것."이라고 정의할 수 있다. 웨인 다이어는 《행복한 이기주의자》에서 "나의 가치는 다른 사람에 의해 검증될 수 없다. 내가 소중한 이유는 내가 그렇다고 믿기 때문이다."라고 하지 않았던가?

사쿠라이 쇼이치, 스티븐슨, 마크 맨슨의 조언대로 사실을 있는 그대로 직시하여 잘못된 판단을 이어가지 않도록 하되, 미래에 대해 긍정적으로 기대하는 '낙관성'만큼은 절대 포기하지 않는 것이 행복한 낙관주의자로 사는 방식이다.

늦깎이 대학생인 아들이 자기를 위로하며 하는 말이 있

다. "그 당시 대학을 그대로 다녔다면, 지금쯤 원치 않는 학과에서 원치 않는 공부를 하며 시간을 허비하고 살았을 거야. 늦었지만 나는 지금 내가 원하는 것을 하고 있어."

이미 많은 시간을 보내버렸다는 것, 그래서 일반 기업에 취업하기는 어렵다는 현실 정도는 아들도 나도 이미 알고 있다. 그러나 아들과 나의 낙관성은 지금도 진행 중이다. 아들은 여전히 미래에 대한 기대감으로 살아간다. 그리고 나 또한 자기의 미래가 기대된다는 아들의 말에 현혹되기를 자처하고 있다.

혹자는 기업의 임원을 '단기 알바'라고 한다. 2년이라는 단기간 내에 성과를 내야 계약이 연장되는 자리란 뜻이다. 그러다 보니 기업이 단기 성과에 집착하는 것이 무리는 아니다. 하지만 우리 삶은 단기 성과에 집착할 이유가 없다. 5년간의 기다림이 있어야 급속히 성장하는 모소 대나무처럼 자기만의 수면 상태를 기다려주는 데는 '낙관성'이 유효한 가치라고 믿는다. 있는 그대로 지켜봐 주고 허용하며 기다리는 것에는 미래에 대한 낙관성도 한몫한다.

부자의 돈보다
생각을 훔쳐라

앞날을 예측할 수 없는 불확실성의 시대, 경제가 어렵다며 마음과 몸이 위축되는 시대에 사람들은 어떤 리더를 원할까? 한 번도 가보지 않은 미지의 길을 걸어야 할 때 어떤 생각을 가져야 흔들림 없이 헤쳐 갈 수 있을까?

세계 육상계에 1마일 최고 기록은 1945년에 기록된 4분 01초 04에 굳게 멈춰 있었다. 그러나 로저 배니스터(Roger Bannister)라는 의학도가 1마일을 4분 안에 달리는 것이 가능하다고 믿고 실제 3분 59초 04의 기록을 내 오랫동안 굳어진 4분의 장벽을 깨부쉈다. 그 일이 있고 46일이 지났을 때 그의 라이벌은 3분 57초 09를 기록했고, 3년이 지나서

16명의 주자가 4분 미만을 기록했다.

과연 배니스터가 실패했어도 이후 16명이 4분 미만의 기록을 세울 수 있었을까? 로저 배니스터로 인해 사람들은 할 수 있다는 믿음을 가질 수 있던 것이다. 여러 생각 중 '그렇다고 믿는 생각'을 신념이라 한다. 말랑말랑한 생각 가운데 마음으로 받아들여 굳혀진 생각이 신념이라는 뜻이다. 우리는 무언가 가능하다고 믿으면 그것을 성취하고자 행동하지만, 그것이 불가능하다고 믿으면 시도조차 하지 않듯 신념과 행동은 강력하게 상호작용한다. 아침에 일어나서 하루를 시작하며 노트북을 열어 글을 쓰고, 에너지 충전을 위해 산책을 하고, 때로 명상과 기도를 하는 것은 스스로 옳다고 여긴 신념에 따라 행동한 것이다.

미디어를 통해 서민 부자들의 성공담을 어렵지 않게 접할 수 있다. 그들이 성공한 비결은 무엇일까? 비법 양념장일까? 사람을 대하는 방식? 식재료 간의 창조적 융합? 물론 남다른 비법이나 계책일 수 있다. 그러나 진짜 성공 비결은 겉으로 보이는 행동이나 능력뿐 아니라 눈에 보이지 않지만 이미 존재하는 어떤 것에도 있다. 그것은 바로 부자만의 생각이다.

《백만장자 시크릿》은 이미 프로그래밍 된 무의식을 다시 세팅하여 새로운 신념을 만들어 자기 가치를 남에게 알리는 것을, 《브레이킹》에서는 새로운 방식으로 생각하기 위해 기존의 믿음을 바꾸는 것을, 《백만장자 메신저》는 기존의 제한된 생각을 바꾸어 자기 가치를 높이는 것을, 《확신의 힘》에서는 나에 대한 과거의 믿음을 미련 없이 버리고 목표를 정하고 이루어진다는 확신을 키우는 것을, 《3개의 소원 100일의 기적》에서는 잠재된 의식을 리셋 하는 것을, 《머니》와 《왜 그런지 돈을 끌어당기는 여자의 39가지 습관》에서는 돈에 대한 부정적 인식을 바꾸라는 메시지가 담겨 있다.

이들이 가진 공통점을 찾았는가? 이들은 환경, 행동 그리고 능력이 제각각이지만 '신념'을 바라보는 입장에서는 공통된 견해를 보인다. 물론 최근의 연구들은 신념을 변화의 시작으로만 보지 않고 환경이나 행동과 상호관계에 놓여 있다고 보지만, 여기서는 신념에만 초점을 맞춰보자.

사람의 생각은 비가시적이지만 하나의 에너지이고, 생각이 신념화되면 더욱 강력한 에너지로 변하여 그들의 언어, 행동, 능력으로 나타난다. 우리의 능력과 행동을 제한하거나 영향 주는 요인이 신념임은 분명하다. 그렇다면 어떤 종류의 신념이 나를 제한하며, 어떤 신념으로 전환하면 삶이 달라질까? 앞선 도서를 바탕으로 이미 성공한 사람들의 신념을 모아보면 다음과 같다.

- 이미 프로그래밍 된 무의식을 다시 세팅하라.

- 과거의 나에 대한 믿음을 미련 없이 버려라.

- 돈에 대한 부정적 인식을 '긍정적인' 단어로 바꿔라.

- 잠재된 의식을 리셋하여 마음을 달리 먹어라.

- 생각을 전환하라.

- 기존의 믿음을 부수고 바꿔라.

- 제한하던 생각을 바꿔라.

이같이 공통적으로 생각부터 바꿔야 한다. 보다 명료하게 생각하기 위해 '돈'에 대해 이야기해보자.

"나는 현금 100억을 가진 부자가 될 수 있다."라고 자신에게 말해보라. 어떤가? 단지 읽거나 생각할 수는 있지만, 마음속으로 정말 그렇다고 받아들여지는 느낌은 없을 것이다. 이는 우리의 돈에 대한 정보와 생각에 기인한다. 우선 우리는 돈과 관련하여 어떤 경험을 하고 어떤 생각을 하는지를 알아보아야 한다. 어린 시절 돈에 대해 어떤 정보가 입력되었는가? 우리 부모는 돈을 어떤 방식으로 생각하고 다루었는가?

- "돈 때문에 싸우고 멀어지는 거야."
- "돈은 쓰지 말고 아껴서 저축해야 해."
- "돈은 어머니와 아버지의 고생으로 일군 것이야."
- "돈이 있어야 돈을 벌지."

- "시골은 돈을 만질 일이 드물고, 큰돈은 소를 팔아야 만들 수 있어."
- "소를 키우는 데는 오랜 시간이 걸려. 그래, 돈이란 갑자기 벌 수 있는 게 아니야."
- "돈이 없으니 돈을 벌 일은 드물어."

돈과 관련한 경험을 정리해보니 문제는 돈이고, 돈은 가능한 안 쓰고 저축해야 하는 것, 돈을 벌려면 큰 고생을 하거나 오랜 시간이 걸린다는 것, 그러니 나에게 큰돈 만지는 일은 없을 것이라는 생각이 은연중에 자리 잡고 있다. 그래서 돈을 쓰고 나면 그 가치를 얻은 것에 감사하기보다 후회하는 마음이 더 크다.

백만장자 사업가로 자수성가한 롭 무어(Rob Moore)는 《머니》에서 돈과 관련된 미시간대학교의 조사결과를 근거로 다음과 같은 세 가지 사실을 공개했다.

- 사람들은 무엇을 가장 많이 걱정하는가? 돈이다.
- 사람들을 가장 행복하게 만드는 건 무엇인가? 돈이다.
- 사람들을 가장 불행하게 만드는 건 무엇인가? 돈이다.

이제 조금씩 성공한 사람들의 '정신'으로 우리의 프로그램을 '리셋(reset)'하는 작업이 필요하다는 생각이 들지 않는가? 먼저 부자들이 돈을 어떻게 생각하고 있는지 정리해보자. 그리고 그들의 생각 일부를 빌어 이전에 돈에 대해 가졌던 우리의 생각을 조금씩 바꿔보라.

부자들이 돈에 관해 가지고 있는 생각(신념)

- 돈은 그것을 소홀하게 생각하는 사람들로부터 가장 소중하게 생각하는 사람들로 이동하는 에너지다. 내가 가진 에너지의 양에 비례해서 돈이 모여들고 흩어진다.

- 나에게 쓸 돈을 제일 먼저 쓴다. 돈이 나갈 때 죄책감과 후회 대신 '감사와 기쁜 마음'을 갖는다.

- 저렴하면 그만큼 소홀해진다, 반대로 가치 있는 것은 그만큼 소중해진다. 좋은 물건에 둘러싸이면 삶에도 정성을 다하게 되고 자아상이 높아져 강한 에너지를 만들어낸다.

이렇게 생각을 바꾸는 것은 크게 어렵지 않다. 하지만 우리 뇌는 기존에 만들어 놓은 낡은 프로그램 때문에 새로운 생각으로 전환하는 과정에서 일종의 금단증상을 겪는다. 심리학자 필립 브릭먼(Phillip Brickman)의 연구결과 복권에 당첨되어 행복해진 사람들이 일정 시간이 지난 뒤 요요현상처럼 원래의 상태로 돌아가듯이, 뇌는 기존에 익숙한 생각이나 행동 방식을 도로 선택하는 경향이 있다. 이것이 바로 두뇌에 '프로그래밍' 된 기존 신념이다. 사람의 뇌는 새로운 방식을 싫어한다.

양자물리학에서는 금단증상을 이겨내는 길은 내 생각에 대해 '확신'을 갖는 것이라고 한다. 양자물리학에 따르면 우리의 생각도 에너지고 쓰고 말하는 언어도 에너지다. 그러므로 우리의 앞선 생각을 나중의 생각으로 전환하려면 더 강한 에너지를 사용해야 하며, 강한 에너지는 바로 신념화된 생각을 계속해서 품고 소리 내어 말하기다.

기독교나 불가에는 '독송'한다는 말이 있다. 독송은 소리 내어 읽는 것이다. 왜 소리 내어 읽으라고 할까? 소리 내어 크게 읽으라고 하는 이유는 바로 소리로 에너지 파동을 크게 일으켜 마음속에 울림을 주고, 그 파동이 나의 믿음에 확신을 갖게 하기 위함이다. 에너지 파동을 크게 하여 변화를 일으키려면 '소리 내어 읽고 말하는 것'이 되어야 한다.

막연한 100억에 대한 생각을 강화하기 위해서는 100억을 구체적으로 만들어야 한다. 소리 내어 말한다든지, 인터넷 검색으로 100억 주택이 어떻게 생겼나 찾아보던지, 온 가족이 해외에 나가 몇 개월간 체류할 비용을 산정해보면 100억이라는 돈이 조금 그려질 것이다. 그리고 그 이미지를 떠올리며 "나는 점점 부자가 되고 있다, 나는 100억을 가진 부자다."라고 중얼거리면 열 번의 생각보다 강한 파동을 만들 수 있다.

사람의 생각을 변화시키는 강력한 힘이 있는 NLP의 '전제 조건'을 소개한다. 이것을 나의 상황에 맞게 신념화된 문장으로 바꾸어 말해보면 큰 에너지가 생기는 경험을 할 수 있다.

· 사람은 필요한 자원은 모두 가지고 태어났고 필요한 것은 새롭게 창조할 수 있다.

  → 나는 부자가 될 자원을 가지고 있고 부자가 될 수 있다.

· 성공했던 방법을 본받는 것 그것이 탁월성으로 가는 지름길이다.

  → 부자들의 사고를 본받는 것이 부자가 되는 지름길이다.

- 선택을 하는 것은 어떤 행동도 하지 않는 것보다 낫다.
  - → 내가 부자가 되기로 마음먹는 것은 부자 될 마음이 없는 것보다 낫다.

- 이미 그렇게 되었다고 생각하고 행동하라!
  - → 이미 나는 부자라고 생각하고 부자처럼 행동하라!

- 실패란 없다. 단지 배움만이 있을 뿐이다.
  - → 기대만큼 수익을 내지 못했어도 실패한 것이 아니다, 그러면서 배우는 게 있다.
  - → 누가 무엇을 했다면 그대로 본받을 수 있고 다른 사람에게 가르쳐 줄 수도 있다.
  - → 부자들의 방식을 배우고 적용하며 다른 사람에게 알려주면 나도 부자가 된다.

과거에 나를 제한하던 생각이 무엇인지 알면서도 말로 하기란 쉽지 않다. 특히 돈의 중요성과 필요성을 알면서도 돈 이야기는 남에게 쉽게 드러내지 않는다. 그러므로 부자의 생각을 공유하는 사람들과 만나는 환경을 조성하는 것부터 시작해야 한다. 온라인에서 같은 생각을 공유하는 사람들을 만나 서로 댓글을 달아주며 격려하는 활동은 좋은 방법이다. 그들과 소통하면 생각을 굳건히 만들 수 있고 지속적으로 의식하게 해준다. 신념은 행동을 촉진하지만, 좋은 환경을 조성하면 신념을 지속하게 만들 수 있다.

앞날을 예측할 수 없는 불확실성 시대에 리더는 구성원이 중요하다고 생각하는 것을 구체화하여 보여주고, 할 수 있다는 확신에 찬 말과 행동으로 실행해야 한다. 동일한 가치를 지닌 사람들과 동고동락하여 관심 이슈로 소통을 지속할 때 주변 사람들도 조금씩 움직이기 시작한다.

3장

마음을 읽어내는
사람만이 가질 수 있는
리더의 이름
: 자존감 공부법 Ⅰ

자기 개방과 자기 자랑의
분명한 경계

누군가에게 과거 나의 부끄러운 경험, 현재 누군가를 미워하거나 사랑하는 속마음, 미래에 대한 고민 말하기와 과거 잘나갔던 성공 경험, 현재 자녀의 성적이 최상위인 사실, 미래가 보장된 충분한 연금과 노후생활에 대해 말하기. 이 두 가지 중 사람들은 어느 쪽을 더 편하고 자신 있게 이야기할 수 있을까? 또, 사람들은 이 두 가지 이야기 중 어느 것을 더 듣고 싶어 할까?

자신의 속마음을 드러내거나 표현하는 소통 방식을 '자기 개방'이라고 하는데, 이는 사실이나 정보뿐 아니라 주관적 느낌, 감정, 의견 표출을 모두 포함한다. 의사소통의 권위자인 버지니아 사티어(Virginia Satir)가 수많은 사람을 상담하고 치료하며 접해본 결과, 일과 삶 때문에 힘들어하는 사람들이 보편적으로 가진 문제는 자기를 명확하게 표현하지 않는다는 것이다.

이 책의 1장에서 리더를 힘들게 하는 직원은 '마음의 문을 열지 않고 자기 의사를 드러내지 않는 사람', '방어적으로 대답만 하는 사람'이라고 밝혔듯, 직원이 스스로 리더에게 속마음을 편히 드러내기란 쉬운 일이 아니다. 특히 리더가 권위적이거나 평소 직원의 의견을 수용하지 않을 때는 자기 개방이 더더욱 쉽지 않다. 모두에게 유익한 아이디어조차 꺼내기 어려운데, 하물며 부정적인 생각이나 감정을 보이는 것은 어떻겠는가.

자기 개방은 용기와 믿음이 있을 때 가능하다. 내면의 죄의식과 같은 부정적 느낌을 마주하는 '용기'와 드러내도 괜찮다는 '믿음'이 필요하다. '아버지를 미워한다'라는 속마음을 마주할 때는 자기를 '못된 놈'으로 여기는 죄책감에 시달리게 되고, 이를 밖으로 내보냈을 때는 누군가의 비난을 견뎌야 하기 때문이다. 만약 내 의지와 무관하게 나의 부정적 사고와 감정이 노출되기라도 하는 날이면, 마치 발가벗겨진 채 길 한가운데 서 있는 것 같을 것이다. 데이비드 호킨스 박사(David Ramon Hawkins)의 《의식혁명》에서, 수치심은 체면을 잃었을 때의 아픔처럼 더는 살고 싶지 않은 비참함과 굴욕감이며, 가장 낮은 저에너지 상태(20수준)에 해당한다. 그만큼 내 속마음을 스스로 드러내는 자기 개방은 쉬운 일이 아니다. 호킨스 박사의 연구결과에 따르면 생각이나 감정은 모두 에너지라서, 누군가에게 속마음을 들키지 않으려 애쓰고, 자기 감정을 억누르는 데 에너지를 사용하면 소위 '묶인 에너지' 상태가 된다. 어떤 사람을 피하려고 하거나 특정 장소에 가지 않으려고 기를 쓰면서 스스로 옭아매는 삶을 살게 되는 것이다. 이렇게 에너지가 묶여버린 상태에서는 정신적, 신체적 건강을 위해 써야 할 에너지를 제대로 사용하지 못한다.

그렇다고 해서 자기 개방이 만능은 아니다. 상대방에 따라 자기 개방의 수위를 조절하는 현명함이 필요하다. 아무에게나 자기 개방이라는 명목 하에 자신의 속내를 깊게 내보인다면 편안한 관계가 아니라 부담스러운 관계가 될 수 있으며, 때로 상대보다 자신이 더 깊은 개방을 하게 되면 후련함 대신 허전함을 느끼게 되어 내가 먼저 관계를 단절하게도 된다. 특히 책임 회피를 위한 자기 개방, 불행을 자랑하는 자기 개방, 동정을 얻기 위한 자기 개방은 사람들에게 정서적 지지를 받기보다 본인을 부정적으로 평가받게 만든다.

조직에서 구성원의 자기 개방 수준이 낮으면 열린 소통의 조직 문화는 거리가 멀어지고, 그만큼 변화와 혁신도 어려워진다. 반면 자기 개방을 통해 얻는 이득은 여러모로 많다.

인지적

자신을 객관적으로 보게 되어 자신의 문제가 무엇인지를 명확히 알게 한다.

정서적

가슴에 뭉친 응어리가 풀리면서 억압된 상태였던 나를 가벼워지게 한다.

신체적

스트레스를 줄여 면역 기능을 강화해준다.

의사소통

타인이 나를 이해하도록 하여 친밀한 관계를 만든다.

부정적인 경험을 노출하는 것뿐 아니라, 긍정적 사건을 경험했을 때 반응하는 것도 자기 개방의 중요한 영역이다. 긍정적 경험에 대한 자기 개방은 기분 좋은 상태를 장기간 유지하도록 한다. 스스로를 축하해주고, 긍정적인 감정을 표현하며, 긍정적인 의미를 부여하고, 자기보상을 하고, 타인의 정서적 지지를 구하는 것이다. 이것은 자신과 다른 사람에게 그 사건을 또렷이 기억하게 하고 축하와 인정을 받을 수 있는 기회를 제공한다.

긍정적 사건에 대한 자기 개방 경험은 그 사건에서 느끼는 감정 그 이상을 경험하게 하고 기분 좋은 상태를 장기간 유지할 수 있게 하므로 당사자의 자존감과 행복감을 높일 수 있다.

자기 개방과 자기 자랑의 차이

《미움받을 용기》에서 나온 아들러의 표현을 빌리면 포장하고 자랑하는 일의 뿌리는 '열등감'이다. 뽐내고 자랑하는 사람은 자존감이 낮아져서 자신에 대한 믿음이 없는 상태라는 것이다. 낮아진 자존감을 회복하고자 잘난 점을 부각하며 자기 개방인 것처럼 드러내지만, 얼마 가지 못해 타인의 평가에 의존하게 되고 댓글과 같은 반응에 민감해진다. 반응이 없으면 초조해지고 나를 알아주지 않는 사람들에게 심통이 난다.

세상이나 관계를 '경쟁'으로 보는 태도에서 생겨나는 것이 바로 자랑이다. 경쟁적 태도는 이기거나 지는 관점이라서 누군가가 성과를 내거나 행복해 보이면 그것은 나보다 우월한 것이 되고 상대적으로 나는 열등하거나 패배한 것으로 인식하게 된다. 우월한 것처럼 행동하는 이러한 자기 자랑은 결국 '우월 콤플렉스'에 불과하다. 정작 자존감이 높고 정말로 자신 있는 사람은 자랑이라고 의식하지 않고, 있는 그대로의 자기 모습을 드러낼 뿐이다. 또한 상대가 순수하게 자기 개방을 보일지라도 스스로 자존감이 낮아진 상태라면 상대적 박탈감을 느끼기도 한다.

내게 동기 모임은 때로 자신의 이야기를 과장하는 우월 콤플렉스를 가진 사람들의 모임이 된다. 대개 본인들이 얼마나 특별한 경험을 했는지 뽐내듯이 말하는 경우가 많은데, 군대 이야기, 골프 이야기 등 자신을 뽐낼 수 있는 주제를 하나씩 찾아온다. 하지만 나는 특별하게 내세울 만한 호기로운 경험이 없기에 나만의 이야기를 호기롭게 떠들어댔다. 그땐 그것이 나를 내려놓고 비우는 자기 개방이라고 생각했다. 그런데 털어놓고 나서의 느낌은 한결 가벼워진 것이 아니라 씁쓸한 마음뿐이었다. 내 과거의 이야기를 합리화했다는 자책 때문이었다. 그것은 일종의 '불행 자랑'이었다.

불행 자랑의 후폭풍은 크다. 이후 모임에서 누군가 내 이야기를 안주 삼아 꺼낼 때면 그때마다 부아가 치밀었다. 나는 '호기롭게' 얘기했지만 왠지 놀림당하는 느낌이 들어 힘들었다. 더 당황스러운 것은 한참의 시간이 흐른 뒤 다른 사람이 내 말을 전해 듣고 내게 전화해서 정말 그랬는지 확인까지 하는 일이었다. 앞서 말했듯이 부정적인 사건 경험을 드러낼 때는 상대방에 따라 자기 개방의 수위를 조절하는 현명함이 필요하다. 상대가 내 비밀을 지켜줄 수 있다는 신뢰가 확보될 때 자기 개방의 용기와 믿음이 생기는 것이다.

"사람들은 나의 성공보다 불행한 경험을 더 환영한다."

패배자가 열등감을 극복하는 두 가지 전략 중 하나는 자기 자랑을 하는 것, 다른 하나는 경쟁 상대의 성과를 낮추는 전략이다. 상대의 약점을 알았으니, 마음껏 써먹어 주겠다는 심산이다. 많은 이들이 바로 이러한 경험 때문에 자기 개방을 꺼린다. 놀림을 당하니 감추는 것이 현명하다는 생각이 들기 때문이다.

그러나 오랫동안 스스로를 감추는 데 에너지를 소모하고 있다면, 정서적, 신체적, 인지적, 의사소통에 관한 이점과 이것이 가져올 긍정적 파장을 고려해 반드시 자기 개방이 필요하다. 다만 내 이야기를 온전히 이해하고 있는, 그대로 보아줄 믿을 만한 사람에게 말이다.

자기 자랑과 열등감

열등감 때문에 타인의 호의적인 자기 개방을 자기 자랑이라고 여기며 좋은 정보와 기회를 차버린 경험이 있다. 부부 캠프 파트너였던 모원장은 공중파 방송에 자주 등장했다. 방송에 출연하게 되면 내게 문자가 오는데 몇 시에 어느 방송의 어느 프로그램에 출연하니 시청하라는 것이었다. 이때 든 생각은 '부럽다'와 동시에 '자기 자랑하고 있네' 뿐이었다.

모원장은 이후에도 EBS 다큐프라임 〈사랑의 동상이몽〉에 출연하면서 승승장구했다. 그의 저술 《결혼 3년이 평생을 결정한다》도 인기를 끌었고, 통장에 들어온 인세를 보여주며 내게도 책 쓰기를 권했다. 이 당시 나는 "또 자기 자랑이네."라며 그가 주는 좋은 정보와 권유를 내심 탐탁지 않게 여기고 있었다. 돌이켜보니 나의 태도에는 문제가 있었다. 동료의 성공에 찬사를 보내고, 호의를 있는 그대로 받아들여 나도 책 쓰기를 시작했으면 좋았을 것을 이 얼마나 어처구니없는가. 세상을 '경쟁의 장'으로 봄으로써 필연적으로 생겨버린 나의 열등감이었다.

대부분의 리더는 이렇게 '경쟁' 환경에 노출되어 있다. 동료를 경쟁 관계로 여기며 살아가다 보니 부정적 경험을 개방하는 위험을 감수하기보다 자기 자랑하는 맛에 빠지게 된다. 물론 아들러가 "열등감은 병이 아니라 정상적인 노력과 성장을 위한 자극이다."라고 했듯이 열등감이 성장의 촉진제가 되기도 하지만 말이다.

자기 개방과 자기 자랑의 기준은 말하는 사람과 듣는 사람의 자존감 수준이 만든다. 자존감 높은 사람들은 자기의 긍정적이고 부정적인 경험을 모두 있는 그대로 표출하며 상대방도 보이는 대로 수용한다. 그러므로 축하, 칭찬, 공감, 지지가 자연스러워지고, 사람들과 친밀한 관계를 유지해 나간다. 반면 낮은 자존감 상태에서는 열등감에서 벗어나기 위해 자기 개방을 교묘하게 이용한다. 부정적 사건에 대한 동정을 구하거나 스스로 합리화하는 방법을 찾거나, 긍정적 사건은 부풀려 자기 자랑으로 치환한다. 청자의 자존감이 낮으면 타인의 긍정적 경험을 있는 그대로 수용하기보다 뒤에서 비난하는 방식을 이용한다.

자기 자랑은 자존감 낮은 사람이 세상을 경쟁으로 보면서 시작되는 열등감이다. 반면 진정한 자기 개방은, 자기를 묶어 놓고 억압하는 데 사용한 에너지를 나를 위해 쓰는 것이다. 자기 자랑과 자기 개방 사이에서 고민하고 있다면 아들러의 메시지를 되뇌어 보자.

"인생은 타인과의 경쟁이 아니다."

자존감을 높여주는
3개의 구슬

시골에서 나는 내 마음대로 자유롭게 뛰어놀며 자랐다. 눈에 보이는 모든 것이 놀이 도구여서 벌에 쏘이고, 얼음물에도 빠져보고, 동네 청년들을 따라 토끼 사냥까지 하며 자유롭게 놀았으니 '자기조절감'은 상당 부분 충족된 채로 지냈다. 미술, 웅변, 서예 등 대회에서 받아온 상장만큼 부모님과 선생님으로부터 그 능력을 인정받아 스스로도 대견하다고 생각까지 했으니 '자기효능감' 또한 높은 편에 속했다. 주변 사람과 부모의 사랑을 듬뿍 받으며 편안하게 보냈으니 '자기안전감' 마저 충족된 그야말로 행복한 시절이었다.

중학교 3학년, 서울로 전학 온 날부터 많은 것이 달라졌다. 우선 학교 수업만 듣고도 시험을 잘만 보던 시골에서의 공부법이 서울에서는 전혀 먹히지 않았고 당연한 결과로 성적도 형편없었다. 게다가 서울의 소문난 부자 동네에서 반지하에 사는 게 부끄러워 친구들에게 우리 집 위치를 알려주지 않으려고 애썼다. 안이 훤히 들여다보이는 철문 밖에서 친구가 "대식아 학교 가자."라고 소리쳐 불러낼 때면 그 입을 막아버리고 싶었다. 성적도 형편없고 관계에서 주눅 든 학창 시절은 그렇게 지우고 싶은 날들이었다. '자기효능감'이 현저히 낮아지고, 부자 동네의 쪽방 생활은 행동도 불편하게 만들었으니 '자기조절감'과 '자기안전감' 모두 낮아질 수밖에 없었다.

자존감은 대체 무엇이기에 이렇게 삶 전반에 영향을 주는가. 자존감은 어떻게 형성되는가. 나의 경우처럼 외부 환경에 따라서도 자존감이 높았다가 낮아지는데, 스스로 자존감을 다룰 방법은 영 없는 것인가? 어떻게 하면 자존감을 유지할 수 있을까? 어떻게 하면 자존감을 조금 더 높여갈 수 있을까?

자존감, 어떻게 생겨 먹었나?

　자존감이 무엇인가에 대한 사람들의 주장과 연구를 정리해보니, 핵심은 자기에 대한 주관적 '생각'과 '느낌'이었다. 구체적으로 자기 개념, 자아상 혹은 자기효능감과 같이 쓰일 때 자기에 대해 쓸모 있고 가치 있다고 여기는 인지적 생각이나 믿음이 자존감이며, 자기에 대한 감정적 느낌 또한 자존감을 이해하는 키워드였다. 정리하면 자존감은 스스로를 어떻게 여기는가에 대한 주관적인 생각이나 믿음 그리고 감정을 말한다.

자존감, 어떻게 형성되나?

　지금까지 국내에서 출간된 자존감에 관한 도서를 보면 주로 아동과 부모에 대한 것임을 쉽게 확인할 수 있다. 그만큼 자존감은 성장 과정에서 상호작용하는 외적 요인이 중요하기 때문이다. 하지만 성인의 자존감은 거기에 머물러 있지 않다. 그간 학문적 연구결과와 개인적 삶의 경험을 통해 알게 된 성인의 자존감에서는 '사회적 비교'가 자존감 형성에 영향 주는 외적 요인이 되고, 자신에 대하여 어떻게 생각하고 믿고 있는가의 '자아개념'이 내적 요인으로 자존감에 영향을 미친다. 그뿐 아니라, 내적 요인에는 자기와의 대화(self-talk)와 신념이 있는데 이를 어떻게 사용하느냐에 따라 자존감은 큰 폭으로 변한다. 가족과의 관계를 뒤돌아보는 것 역시 현재의 나를 이해하는 데 유용하지만, 낮아진 자존감을 성장 과정의 부모 탓이나 환경 탓으로 돌리는 것은 결코 바람직하지 않다. 자기의 낮은 자존감의 원인을 부모에게 돌려봐야 관계만 소원해지고 원망만 커질 뿐이다.

지금의 우리에게 필요한 것은 세상을 원인과 결과로 바라보는 '인과적 인식'의 관점이 아닌, '순환적 인식'이다. 인과적 인식이란 누구 때문에 혹은 남의 탓으로 나와 세상을 이해하는 방식이며, 자신의 책임을 회피하는 방식이다.

반면 '순환적 인식'은 비록 상대방 혹은 외부의 그 무엇이 나의 삶에 영향을 주고 끼어들었어도, 결국 내가 어떻게 생각하고 반응하느냐에 따라 상대도 달라진다는 관점이다. 내가 주체가 되어 내 삶에 영향력을 행사할 수 있다는 이야기나 다름없다. 이러한 관점을 가질 때 '나는 어떻게 생각하고, 무엇을 하면 되는가?'를 찾게 되고, 문제를 스스로 해결하겠다는 의지가 발현된다.

《자존감의 신화》의 저자이자 심리학자인 알버트 엘리스(Albert Ellis)도 자존감은 부모와 같은 외적 조건보다는 개인이 지닌 비합리적인 신념체계에 있다고 가정한다. 그러므로 자기에 대한 비합리적인 신념을 합리적인 것으로 바꾸는 방식이 낮은 자존감 상태에 있던 나를 풀어주는 데 효과적이다. 성인의 자존감은 스스로 높일 수 있는 것인 만큼 내가 나를 어떻게 대하는 것이 좋을지에 관심을 가지고 시도해보아야 한다. 자존감의 내재적 요인에 해당하는 비합리적인 신념을 바로잡고, 부정적인 내면의 소리를 관리하는 것이 성인의 자존감에 영향을 주는 핵심 요인이다. 그로써 나에 대한 긍정적 자아상과 긍정적 자기 개념을 갖는 것이 먼저다.

3개의 구슬을 굴려라

자존감은 리더십, 대인관계, 성과 등 직장에서의 성공과 개인의 행복에 중요한 요인임을 확인한 뒤 자존감 향상을 위한 '자기 성장 프로그램'을 개발하였다. 성인 대상의 이 프로그램은 자기를 제한하는 부정적 신념을 합리적 신념으로 전환하여, 긍정적 자아개념을 갖도록 설계한 자존감 향상 프로그램이다.

주요 내용은 자기 이해, 자기 개방, 자기 수용으로 구성하였고, 13개 기업의 641명에게 실험연구를 진행했다. 연구를 통해 이 훈련이 자존감 지수 향상에 상당히 효과적임을 알았으며 세 가지 구슬 단계로 구성된 그 방법을 소개하면 이와 같다.

첫 번째 구슬, 자기 이해

나답다는 것, 혹은 나답게 산다는 것은 무엇일까? 이 질문에 응답하기 위해서는 내가 누구인지에 대한 이해가 있어야 한다. 일반적으로 나의 성격, 가치관, 흥미, 동기, 적성, 능력에 대해 아는 것이 자기 이해다. 자기 이해는 전문가의 도움을 받아 신뢰도 높은 진단지를 사용하면 정확히 인식할 수 있지만 그렇지 못한 경우 자기 관찰이나 명상을 통해 자신과 관련된 것들을 차례로 적어볼 것을 권한다. 누구나 글쓰기를 통해 자기를 더 잘 알아갈 수 있다.

두 번째 구슬, 자기 개방

자기 개방은 자기의 모습을 있는 그대로 보여주는 것이다. 내 마음을 터놓고 말할 수 있는 사람이면 된다. 배우자 혹은 친구 중에 답을 주려고 하거나 문제를 해결해주려는 사람보다 내 이야기를 잘 들어주는 사람이면 된다. 상담가의 도움이나 면 대 면의 자기 개방이 어렵다면 일기 혹은 블로그를 통한 자기 개방도 효과를 볼 수 있다. 한국심리학회의 연구자료에 따르면 깊은 생각과 정서를 표현하는 글쓰기가 신체 증상 및 심리적 안녕에 유의한 영향을 미치고, 시간이 지남에 따라 더욱 두드러지는 것으로 나타났다. 글쓰기를 통한 자기 개방은 상담가를 만나는 것보다 더 깊고, 지속적이다.

세 번째 구슬, 자기 수용

자기 수용은 자기 이해 과정에서 드러난 성격, 가치관, 동기 등 부끄러운 부분이나 결점까지 받아들이는 것을 의미한다. 결점이 있다는 사실은 받아들이지만, 자신이 쓸모없는 존재라는 과장된 판단 자체를 거부하는 것이 자기 수용이다. 실수하고 실패할 수 있음을 인정하고 스스로의 가치를 폄하하지 않는 것이다. "내가 그렇구나."라고 나를 존중하는 것이다. 만약 부정적인 생각이나 감정이 느껴지면 그 생각이나 느낌을 적어서 표현하거나, 그 내용에서 '사실'만을 수용하는 것도 도움이 된다.

- 나에 대한 부정적 생각이나 감정을 글로 써본다. 자기를 질책하는 내면의 소리를 종이에 구체적으로 써보면, 그 생각이나 느낌이 비합리적인 것임을 발견할 수 있다.

→ 생각 : "보고서에 매번 오자가 있네, 아! 나는 문서 작성 능력이 정말 형편없어."

Ⓑ 주관적 오류(필터링)를 찾아본다(스스로 질문해본다)

- 너무 과장되거나, 일반화하거나, 주관적인 해석은 아닌지 찾아본다.

→ 질문 : "정말 모든 보고서마다 매번 오자가 있었어?"
  (한두 번의 실수를 항상 그렇다고 일반화한 것이다.)

→ 질문 : "형편없다."라는 말은 객관적 사실일까? 주관적 해석일까?
  (구체적 행동이나 사실이 아닌 주관적 해석과 판단이다.)

→ 질문 : 오자 하나만으로 '문서 작성 능력'을 평가할 수 있을까?
  (그렇지 않다, 문서 작성에는 다른 능력도 요구된다.)

· 주관적 해석과 판단을 배제하여 사실만 적어본다. 만약 그 내용이 사실이라면 비록 '결점'이라 하여도 그것을 부정하지 말고 자기 수용 해 본다.

→ 응답 : "이 보고서에만 오자가 생긴 거야, 그리고 매번이 아니라 두 번 째야."

→ 응답 : "형편없다."라는 말은 나의 주관적인 해석이군, 그러므로 그 말 은 사실이 아닐 수 있어.

→ 응답 : "문서 작성 능력은 보고서의 목적, 논리적 전개, 창의적인 대안 제시가 더 중요한 일일 수 있어." "그래 나의 강점 능력은 그것일 수 있지."

이렇게 글쓰기 과정을 통해 자신을 솔직하게 보고, 지나치게 왜곡되거나 부정적인 생각을 걸러내는 과정에서 '사실'을 찾아내며, 비록 어떤 약점이 사실이라 할지라고 그것을 수용함으로써 자신을 대하는 연습을 할 수 있다. 자존감은 '나'에 대한 주관적 생각과 감정이다. 그러므로 자존감을 높이려면 자신을 올바로 이해하기, 내 생각과 감정 드러내기, 나의 약점이나 못난 점까지 받아들이기의 세 가지 구슬을 사용해보라.

리더가 팀원의 자기효능감부터
높여야 하는 이유

세계 육상연맹에서 공인된 100m 세계신기록은 자메이카의 우사인 볼트(Usain St. Leo Bolt)의 9초 58이다. 그런 우사인 볼트가 2011년 대구에서 열린 세계육상선수권대회의 100m 달리기에서 실격됐다. 매스컴 분석에 따르면 출발이 느린 그가 자신의 약점을 의식하여 먼저 출발한 것이 실격 요인이었다. '그럼에도 불구하고' 그는 언제 그런 일이 있었냐는 듯 이후 경기 자체를 즐기는 모습을 보여주었고, 결국 개인 200m에서 1위, 400m 계주에서는 세계신기록을 세우며 2관왕을 차지했다.

그는 어떻게 세계인의 이목이 쏠린 큰 경기에서 앞선 실패에도 불구하고 자연스럽게 경기를 즐길 수 있었을까? 자기효능감 분야의 권위자인 앨버트 반두라(Albert Bandura)는 《자기효능감과 삶의 질》에서 "자기효능감은 개인이 결과를 얻는 데 필요한 행동을 성공적으로 수행할 수 있는 능력에 대한 신념."이라고 했으며, '성공 경험'이 자기효능감에 가장 큰 영향을 미친다고 밝혔다. 자기효능감이 자신의 능력을 믿는 마음에서 비롯되고 성공 경험을 통해 강화된다는 반두라의 관점에서 볼 때, 우사인 볼트가 보인 자연스러운 행동은 여러 번의 성공과 능력에 대한 자신감에 따른 행동이라고 볼 수 있다.

'조직 관리'는 리더가 수행해야 하는 주요 역할 중 하나다. 일반적으로 조직 관리란 '팀원들이 각자의 능력을 최대로 발휘하고 서로 협력적으로 일하여 시너지를 내도록 영향력을 발휘하는 것'을 말하는데, 팀원 개개인의 능력도 중요하지만 각자의 능력이 팀 전체에 기여하도록 하여 성과를 끌어내는 것이 리더의 역할인 것이다. 4명을 팀으로 조직하여 경주하는 400m 계주에서 감독의 역할도 '4명의 선수들이 각자의 능력을 최대로 발휘하고 서로 협력적으로 일하여 최고의 성적이 나오도록 영향력을 미치는 것'이다. 왜 여러 사람이 함께 일 하는 팀을 조직해야 할까? 팀을 조직하는 이유는 팀원 개인의 능력을 더해 1+1+1+1= 4가 아니라, 그 이상인 1+1+1+1= 8과 같은 시너지를 기대하기 때문이다. 이는 단지 개인 능력의 합이 아니라 그 이상의 결과를 창출하기 위함이며, 이것이 팀으로 일하는 이유인 것이다. 그렇다면 인터넷 자료에 의존하지 말고 다음 퀴즈에 답해보자.

Q. 우사인 볼트를 포함하여 4명의 선수로 조직된 자메이카의 '400m 계주팀'은 웨이드 반 니커르크(Wayde Van Niekerk)가 400m에서 세운 개인 기록인 43초 03을 단축했을까? 아니면 더 늦게 들어왔을까? 단축되었다고 생각하면 어떤 요인 때문이고, 지연되었다면 어떤 요인 때문인가?

결과적으로 모두가 예상한 것처럼 4명이 팀을 이루어 진행한 계주가 개인이 세운 기록보다 빨랐다. 2012년 자메이카 계주팀이 런던올림픽에서 세운 기록은 36초 84로 개인 기록보다 무려 6초 19만큼이나 단축했다. 감독은 선수 4명의 개인적 능력을 파악하고, 각자의 강점이 발휘되도록 조직화했다. 스타트가 느린 우사인 볼트를 첫 주자가 아닌 후발 주자로 배치하여, 중반 이후 폭발적인 가속을 만들어 내는 그의 강점이 발휘되도록 하였고, 상대적으로 키는 작지만 스타트가 빠른 선수를 앞 순서에 준비시킨 것이다. 이는 기업 조직에서 리더가 수행하는 '조직 관리' 역할과 명백히 유사하다.

우사인 볼트가 멋진 행동을 하면서 기록을 세운 배경에는 그의 강점 능력이 발휘되도록 조치한 팀 리더의 지원이 있었다. 직원 그 누구도 모든 업무를 완벽히 수행하는 사람은 없다. 특정 업무에 강한 직원이 다른 업무에는 약하기 마련이다. 자메이카 계주팀처럼 직원 개개인의 약점(키는 크지만 출발이 느린)은 잘 파악하여 보완해 나가도록 지원해주고, 성공 경험(달리면서 가속도가 붙는)을 만들어 나가도록 기회를 열어주는 것이 바로 리더의 역할이다.

낮아진 자기효능감이 만든 사직서

경력 사원으로 입사했으면서도 업무에 적응하지 못하는 사람들은 좌절감을 느끼게 된다. 내가 업무에 적응하기 힘든 가장 큰 이유는 컴퓨터를 다루는 일이었다. 1990년 초 미도파 백화점에서 근무할 당시에는 컴퓨터가 보급되지 않았고, 부서마다 서기를 전담하는 직원이 있었다. 수기로 작성한 기초 문서를 컴퓨터로 옮기는 직원에게 넘겨주면 그 직원이 빠른 손놀림으로 정갈한 문서를 출력해주던 때였다.

LG에 입사하여 겪은 가장 큰 난관이 바로 컴퓨터를 사용하여 스스로 문서를 작성해야 한다는 것이었다. 그룹 신입사원의 국내 공장 견학 계획을 수립하는 것이 과제였는데, 공장 현황을 파악하는 일부터 당장에 컴퓨터를 사용할 수 있어야 가능한 업무였다. 팀장은 컴퓨터 사용법이야 배우면 된다고 했지만, 나의 능력을 보여주지 못했다는 마음에 하루하루 주눅 들어갔다. 나의 강점은 강의와 프로그램 개발 능력이었지만 컴퓨터를 만질 줄 모른다는 약점 하나로 주저앉아버린 것이다.

뒤늦게 컴퓨터를 구입하여 혼자 밤새워 익혀보았으나, 당시 컴퓨터는 지금의 시스템과 달라 운영방식을 익혀야 비로소 문서를 작성할 수 있었다. 결국 내가 출근하여 보여줄 수 있는 행동은 책상에 앉아 다룰 줄 모르는 컴퓨터를 익히는 데 시간을 보내는 것뿐이었고, 다소나마 숨통을 열게 되는 시간은 신입사원 앞에서 그룹의 가치를 강의하는 시간이었다. 나의 가치와 존재가 이렇게 바닥에 떨어지자 여기서 도망치듯 벗어나는 것이 나를 살리는 길이라는 생각뿐이었다. 신입 교육을 마친 후 사직서를 품에 들고 팀장과 면담을 진행했고 팀장은 컴퓨터는 배우면 된다며 용기를 주었지만, 이미 나의 자기효능감은 바닥이었다.

돌이켜보면 팀장의 말이 맞는 것 같다. 반두라가 "일반적인 신념으로서의 효능감이 아니라 직원이 다루는 여러 업무 중에서 구체적인 영역에 대한 효능감이 개발될 때 실제적인 능력의 변화가 생긴다."라고 했듯이 나는 모든 업무를 못하는 것이 아니라 컴퓨터를 아직 다루지 못했을 뿐이었다. 그러나 나는 컴퓨터를 자유롭게 다루지 못한다는 약점 하나를 일반화하였고, '업무 능력이 없는 직원'이라는 이미지에 갇혀 꼼짝 못 하고 있었다. 돌이켜보면 나의 약점에 치여서 강점이었던 강의 능력과 프로그램 개발 능력을 발휘하거나, 컴퓨터를 다루는 작은 성공 경험을 쌓아가려는 시도조차 하지 않았던 것이다.

사직서를 제출하고 도망치듯 나와 그대로 실업자로 전락했다. 여기저기 입사지원서를 제출하면서, 몇 개월간을 기다림의 시간으로 보냈다. 집에서 가까운 북한산 사찰에 들려, "내가 잘할 수 있는 교육 분야에서 능력을 발휘하여 많은 사람을 돕고 싶습니다."라고 기도하고 다짐하면서 컴퓨터 다루는 방법을 익히기 시작했다.

"우리가 환난 중에도 즐거워하나니 환난은 인내를(로마서 5:3), 인내는 연단을, 연단은 소망을 이루는 줄 앎이로다(로마서 5:4)."

컴퓨터로 문서 작성 능력을 키운 후 다른 기업으로 재입사를 하게 되었는데, 이때는 파워포인트와 엑셀을 능숙하게 다룰 수 있었고 컴퓨터가 익숙하지 않던 경력직 직원들을 모아 컴퓨터 사용방법을 가르치는 정도가 되었다. 문서 작성으로 낮아졌던 효능감이 다시 높아진 것이다. 이때부터 다른 업무에도 탄력이 붙어 몰입할 수 있었고 일하는 자체가 곧 즐거움이 되었다. 자신이 잘하는 일을 수행하며 성공 경험을 쌓아가는 과정은 자기효능감에 가장 큰 영향을 준다.

자기효능감이 높아지는 데는 나의 노력도 있었지만 당시 상사의 전폭적 지원과 지지가 큰 힘이 되었다. 상사는 나의 강점 능력이 무엇인지 정확하게 파악하여 '고객 만족 추진실'이라는 부서를 만들고, 부서의 파트장 역할을 주었다. 리더의 신뢰 덕분에 내 능력을 마음껏 발휘할 수 있었고, 그 결과 두 명이던 직원이 열세 명으로 늘어날 정도로 규모가 커졌다. 이처럼 팀원의 강점을 파악하여 잘 할 수 있는 업무와 역할을 부여해 직원의 자기효능감을 높이는 일은 '후배육성'이라는 리더의 역할에 있어 무엇보다 중요한 책무다.

리더는 어떻게 직원의 자기효능감을 높일 수 있을까. 반두라는 《사회적 학습이론》에서 직원이 다루는 여러 업무 중에서 구체적인 영역에 대한 효능감이 개발될 때 실제적인 능력에 변화가 생기고, '숙달'이 가장 효율적인 방식이라고 주장했다. 반두라의 이론에 나의 경험을 덧붙이면 다음 네 가지가 직원의 자기효능감 향상에 기여할 수 있다.

첫째, 직원의 능력을 고려하여 목표 수준을 정한다.

나의 경험을 통해 뼈저리게 얻은 교훈은 직원이 가진 능력보다 너무 높은 과제는 스트레스를 주고, 자기효능감을 낮추기만 한다는 것이다. 반면 능력에 비해 너무 쉽거나 낮은 수준의 목표는 흥미를 떨어뜨린다. 그러므로 특정 업무에서 직원이 가진 능력을 고려하여 적절히 도전적인 과제를 제시하여야 한다.

둘째, 특정 기술을 배우게 할 필요성이 있다면 시범을 보여라.

해당 기술을 갖춘 선배나 상사가 후배 앞에서 구체적 행동으로 시범을 보이며, 사용방법이나 요령을 알려주도록 한다. 이때 직원이 충분히 이해했는지를 확인하면서 진행한다. 특히 컴퓨터나 기계처럼 실물을 작동해야 하는 과제는 모델링 대상자의 행동을 보고 따라 하는 방식이 이론적 설명보다 더 효과적이다.

셋째, 해당 능력과 기술을 익힐 수 있도록 모의 상황에서 실습할 기회를 준다. 배운 것을 실제와 유사한 상황에서 반복하여 실습할 시간과 기회를 준다.

넷째, 배운 능력이나 기술을 실제 업무에 적용하여 성공을 경험하도록 한다. 직원이 배운 내용을 현업에 적용하도록 하면 '작은 성공'을 경험하게 할 수 있다. 이로써 직원은 할 수 있다는 자신감과 해당 업무에서의 효능감을 얻는다.

3분 안에 마음을 얻는
리더의 대화법

우리 집 강아지는 식구 중에 누가 자기를 가장 아끼고 사랑하고 있는지 아는 듯하다. 강아지의 마음을 사려고 간식을 줄 때는 내게 꼬리를 치다가도 간식이 떨어지면 결국 자기를 무조건적으로 아끼고 사랑하는 딸에게로 가 안긴다. 딸이 말 못 하는 강아지의 마음을 얻은 비결은 무엇일까?

조직에서도 사람의 마음을 얻거나, 누군가의 마음이 열리게 하는 리더가 있고 마음을 닫게 하고 심지어 사람을 잃는 리더가 있다. 경주 어느 리조트에서 노사 상생 워크숍을 진행할 때였다. 회사 측의 노무 담당자와 노조 측의 노경협의회의 위원장 등 노사관계자 십여 명이 함께한 자리였다.

노사 간 갈등을 어떻게 풀어갈지 '갈등과 소통'을 주제로 강의해 달라는 의뢰였지만, 사측 담당자는 "분위기가 자칫 심각하거나 무거울 수도 있으니 민감한 주제는 가능한 한 다루지 말아 주시고 밝은 분위기로 진행해주세요."라고 신신당부했다. 잘못된 소통으로 힘들었던 과거의 기억 때문인지 '소통' 자체보다는 소통 과정에서 예측할 수 없는 돌발 상황을 염려하는 것이다.

워크숍을 준비하기 위해 강의실로 나갔을 때는 이미 몇 분이 먼저 와 계셨는데 처음 보는 나를 마치 소, 닭 보듯이 했다. 그분들의 표정과 자세로 미루어 이번 워크숍이 순조롭게 진행되지 않을 수도 있겠다는 예감이 들었다. 그들은 이번 워크숍을 진행하는 것 자체가 못마땅하다는 표정이었다. 당신이라면 이럴 때 어떻게 하겠는가?

직장에서 누군가가 밝지 않은 표정으로 "대화 좀 합시다."라고 요청하면 반가움보다 걱정이 먼저 들던 경험이 있을 것이다. 특히 상사가 면담을 요청하면 자기도 모르게 긴장되면서 마음을 다잡고 방어할 준비를 하게 되지 않던가? 강의를 준비하는 나도 마찬가지다.

이럴 때는 경험적으로 나의 '모드(mode)'를 바꾼다. '일반적 상태'에서 '근원적 상태(리더십 상태)'로 전환시키는 것이다. 평상시 얼굴이 쉽게 경직되고 긴장하는 나에서 의식적으로 사고하고 행동하는 '상담가 모드'로 바꾸는 것이다. "나는 이분들을 사랑한다. 진심으로 다가가자."라고 셀프 토크를 한다. 사전에 어려운 대상자라는 정보를 들으면 늘 그렇게 나의 마음 상태부터 바꾸고 시작해야 한다.

고백하건대 내가 이렇게 하는 이유는 평상시의 나는 소통의 고수가 아니기 때문이다. 수십 년간 소통 강의를 하는 나도 '일반적인 상태'에서는 물 흐르듯 자연스럽게 되지 않을 때가 많으므로, 의식적으로 생각하고 행동하도록 모드를 전환하는 것이다. 다년간의 경험에서 얻은 노하우다. 숨을 고르고 나의 마음 상태를 중립적으로 만들어 관계가 틀어지게 되는 것을 예방한다. 나의 스승이자 상담의 대가인 전경숙 박사도 때로는 어려운 대상자를 만나고 나면 휴식을 취하며 숨을 고른다고 한다. 하물며 상담이나 심리를 공부할 기회가 부족한 리더는 의식적으로 자신의 모드를 관리하지 않으면 자칫 감정적으로 상대를 대하게 되어 마음을 닫게 하거나 심지어 사람을 잃게 되는 경우가 많다.

그렇게 노사 양측을 같은 테이블에 앉도록 권유하고 강의를 시작했다. 그중에 나이가 조금 들어 보이는 한 사람은 목소리가 크고, 거친 언어를 사용하는 사람이었다. 이런 대상자는 '나를 알아 달라'는 심리를 가지고 있는데, 이럴 땐 그 마음을 헤아려주면 된다. 시작하려던 강의를 잠시 멈추고, 장소가 멀어 이 아침에 여기까지 서둘러 오느라 힘들었다는 그의 불평을 들어주면 된다. 그에게 관심 가지고 귀기울여 이야기를 들어주는 것이 강의 중에 계속 될 수 있는 저항을 예방하는 길이다.

강의가 시작되고 많이 누그러들었지만, 그는 여전히 튀는 행동을 했다. 그때, 그 순간 나는 소통의 달인 한 분을 만났다. 회사 측 담당자인 K부장이 의자를 당겨 그에게 바짝 다가가 앉았다. 그리고 상체를 낮추고 그를 바라보며 한 손은 그의 손을 잡았다. 고개를 끄덕이며 맞장구치고 또 다른 한 손마저 그의 손에 얹어 놓고, 끝까지 이야기를 들어주니 불과 3분도 되지 않아 그의 안색은 좋아지더니 마음이 열린 그때부터 그는 천사처럼 온화해졌고, 워크숍 분위기는 최고가 되었다.

K부장은 오랫동안 '노경협의회'의 분들과 어떻게 대화해야 하는지를 경험으로 익혀 온 달인이셨다. K부장은 나보다 그분의 입장을 더 잘 이해하는 사람이었고, 나보다 더 자연스럽게 소통을 이끄는 사람이었다. 내가 상대의 말을 '잘 들어주고자' 의식적으로 나의 모드를 바꾸었다면 K부장은 이미 그것이 몸에 배어 있었다. 몸에 밴 '소통의 달인'이라고 해도 과언은 아닐 것이다. 과연 k부장은 3분 안에 사람

의 마음이 열리게 하는 리더였다.

이로써 나는 사람의 마음을 여는 것은 '소통의 기술'이 아니라 '잘 들어주려는 마음'이라는 것을 다시 한번 깨달았다. 잘 들어주려는 마음이 상대방에게 전달되었기에 흥분을 가라앉히고 문제를 해결하기 위해 참여하고픈 마음마저 끌어낸 것이다. 상대에게 무언가를 말하려고 애쓰기 전에 잘 들어주는 것이 우선되어야 한다. 상대방이 나와 의견이 달라도 작정하고 '있는 그대로' 들어주는 것이 그 사람의 마음을 여는 비결인 것이다.

강의 중에 "집에 가면 안 싸우시겠네요?"라는 질문을 받을 때면 나는 잘 싸운다고 답한다. 더불어 '잘 싸운다'라는 말은 싸우고 나서 전보다 서로를 더 잘 알게 되는 싸움이라고 분명히 덧붙인다. 아내와 나, 모두 급한 성미를 가지고 있다보니 서로의 이야기를 끝까지 들어주기 힘들다. 그래서 우리 둘만의 부부싸움 기술을 고안했다. 이 방법은 '이마고 부부 대화법'과 '가트만식 대화법'을 우리 부부의 대화에 응용한 것인데 효과가 제법이다.

평소의 자기방식대로 대화하되, 의견 차이를 보이며 감정이 격해지면 일단 대화를 멈춘다. 더 진행해봐야 감정이 격화된다는 것을 잘 알기 때문이다. 그리고 다시 대화를 시작한다. 서로의 대화가 팽팽해지면 이번에는 동네의 카페로 걸어간다. 카페는 집보다 더 공적인 공간이므로 싸움이 감정적으로 흐르는 것을 최소화할 수 있다. 때로 카페 분위기가 좋으면 싸움은 시시하게 끝나는 경우도 있다. 그러고도 대화가 더 필요할 때는 둘만의 원칙을 적용하는데 그 원칙이 간단하면서도 유용하다. 잘 싸우는 원칙은 이렇다.

- 충분히 말하도록 보장한다. 그러므로 상대의 말을 가로막거나 제지하지 않는다.
- 듣는 사람은 상대방을 보면서 '작정하고' 들어준다.
- 듣고 나서 상대의 말을 '녹음하여 들려주듯' 내가 이해한 것이 맞는지 물어보고, 상대의 말을 공감하거나 조금이라도 수용한다.

"대화할 때 당신이 다른 곳을 보고 있으면 나는 대화하기 싫어, 그러니까 나를 보면서 이야기해주면 좋겠어."라고 말하면 나는 녹음한 것을 들려주듯이 "그래, 내가 다른 곳을 보고 있으면 당신이 대화하기 싫어진단 말이네, 보면서 이야기하자는 말이고. 맞아?"라고 답한다. 덧붙여 "그래 지금부터는 당신을 보면서 대화할게."라고 수용하는 자세를 보이면 더더욱 좋다.

우리 집 강아지가 좋아하는 간식을 제일 자주 던져주면

서 강아지의 마음을 사려고 하는 사람은 바로 나다. 강아지도 내가 우리 집 서열 1위라는 것을 잘 알아서 큰 소리 한마디면 바로 꼬리를 내리며 굴복한다. 오라면 오고 가라면 가지만 강아지가 진정 마음 열고 따르는 사람은 내가 아니다. 먹이는 권력자인 내가 주지만 강아지의 마음을 얻는 것에서 만큼은 딸을 이길 수 없다. 강아지를 있는 그대로 예뻐하고 알아주는 마음이 딸보다 덜하다는 것을 강아지도 아는 것이다. 내가 툴툴거리며 자기 똥을 치울 때 딸아이는 강아지 똥을 보며 "아이고 예쁘다. 아이고 잘했네."를 연발하기 때문이다.

리더도 잘 들어주려는 마음 없이 권력, 보상 그리고 몇 가지 기술로 직원의 환심을 사거나 마음을 얻고자 하면 한계를 느낄 수밖에 없다. 카카오 TV의 〈들리지 않아도 마음을 얻을 수 있는 방법〉에 청각장애인 H씨의 인터뷰가 소개되었다. 그녀는 후천적으로 청각의 90%를 잃어 잘 듣지 못한다. 그녀는 사람들과 소통하고 싶어서 사직서를 낸 후 자기의 소통 공간인 꽃집을 열었고, 꽃집 사장이 된 그녀는 언어적 소통이 어려운 대신 찾아온 사람들의 표정을 읽고 집중하는 태도를 통해 단골손님을 만들어 갔다.

"잘 들리고 말 잘 한다고 대화가 통하는 건 아닌 것 같아요."그녀의 인터뷰 내용이다. 맞는 말이다. 말을 잘 한다고 소통을 잘하는 것이 아니듯, 단지 소리가 잘 들린다고 잘 듣는 것 또한 아니다. 다른 사람의 마음을 얻는 길은 상대를 헤아리려는 나의 마음에 있다. 들어주려는 마음이 있으면 상대방의 표정을 똑바로 보게 되고, 표정을 읽으면 마음이 보인다. 결국 소통은 마음으로 상대의 '마음을 읽어주는' 일이다.

갈등이야말로
완벽한 기회가 된다

사람들로부터 자주 받는 질문이 있다.

"실생활에서도 강의하시는 대로 그렇게 하세요?"

"아내와의 관계는 좋아요? 안 싸우시겠네요? 자녀들과 대화 잘 하시겠네요?"

아들은 나를 적어도 몇 년 전까지는 친구 같은 아빠라고 소개하곤 했다. 자기 친구에게 친구같이 부담 없는 아빠라고 말한다는 것이다. 친구가 아버지에게 맞았다는 이야기랑 친구가 아버지랑 전혀 말하지 않고 지낸다는 이야기 등 내게 먼저 다가와 주변 이야기를 들려주는 그런 아이가 고마웠다. MBTI 성격유형검사결과 아들은 ENFP 유형이다.

이 유형은 기본적으로 외향적이면서 따뜻하고 열정적이고 스트레스 회복력도 높다. 반면 꼼꼼한 준비나 끝맺음이 약하고 인정받고 싶은 욕구가 강하다. 이렇게 아들의 특성을 잘 알고 있으면서도 때로는 대하기 힘들거나, 마음에 안 드는 몇 가지를 참을 수 없는 걸 보니 내가 아들의 모든 면을 다 이해하는 건 아닌것 같다. 우리는 머리로는 알지만 생활에서는 도무지 이해되지 않는 것들과 마주칠 수밖에 없다.

기대와 비교 그리고 회피와 원망

내가 바라는 아들의 모습은 아침 시간에 땀 흘리며 운동하는 것이다(기대). 운동을 통해 몸부터 다부지게 만드는 아들 또래의 아이들을 보고 있노라면 자신감 있어 보이고 자기 삶을 스스로 감당해 나갈 것 같다는 생각이 든다(비교). 내 기대를 아이가 들어주지 않는 게 나는 영 못마땅했다. 운동하게 하려는 목적으로 강아지를 가까운 뒷산에 산책시키고 오면 용돈을 주기도 하였건만, 한 번 다녀올 뿐이었다. 아파트 구내 헬스도 며칠 하다 그만두고, 친구들이 다니는 다른 헬스클럽이면 할 수 있겠다고 했으나 친구가 운동하지 않는 날에는 본인도 가지 않았다. 이번에는 권투를 하면 잘 할 수 있겠다고 했지만, 이런저런 이유가 반드시 생겼고 또다시 그만두기를 반복했다. 반면 딸아이는 헬스와 권투로 기초 체력과 몸을 만들어 갔다(비교).

　나를 힘들게 하는 것은 아들의 늦게까지 잠을 자는 모습과 긴 샤워 시간을 지켜보는 것이다. 이것은 다름 아닌 '아들 때문에 내가 힘들다'라는 인과적 인식이다. 샤워에 대한 나의 개념은 온몸에 물 뿌리고 비누칠하고 씻어내는 것에 불과하다. 시간을 재보지 않았지만 5분, 길어야 10분이나 걸릴까? 그러니 헬스클럽의 샤워장에서 물을 한없이 틀어 놓고 머리만 10분 이상을 감는 사람을 보면 무슨 강박증에 시달리는 사람처럼 보였다. 그런데 30분 정도나 샤워를 하는 아들을 보고 있자니 내가 견디지 못하는 사람의 모습이 아들에게 비춰 보였던 것이다.

　이렇게 아들에 대한 나의 불만을 정리해보니 늦잠, 운동하지 않는 것, 긴 샤워 시간이었고 세 가지 불만 사항은 이미 아들에게 여러 번 말했던 것이었다. 하지만 아들의 그러겠노라는 대답은 행동으로 이어지지 않았다. 아들은 그저 더 이상의 갈등으로 커지는 게 싫어 계속해서 '회피'할 뿐이었다. "말 한마디로 사람이 변한다면 그것은 신의 영역이다."라고 사람들에게 말해왔지만 정작 내가 그 상황에 있어 보니 시간이 갈수록 아들에 대한 원망만 커져 가는 것을 깨달았다. 아들도 그런 내가 편할 리 없었으니 아들에게는 내가 친구 같은 아빠가 아니라 권위적인 아버지가 되어있던 것이다. '아들 때문에 내가 힘들다'라고 생각했지만 실은 나 혼자 기대하고, 남과 비교하고, 기대에 따라주지 않자 원망한 것에 불과했다. 나 또한 불만을 참고 억누르면서 갈등이 격해질까 두려워 회피하고 있었던 것이다.

갈등의 표면화, 대결국면

일이 터진 날은 아들이 늦게까지 자는 것도 모자라 깨어나 침대에서 한참을 빈둥거리다 샤워하러 간 날이다. 긴 샤워를 끝낸 아들이 밥도 안 먹고 등교하는 게 언짢아진 나는 "밥 좀 먹고 다녀라!"라고 했지만 내 말투가 평안했을 리 없다.

현관문을 열던 아들은 "알았다고요."하며 팽 나가버렸다. 아들의 반응 또한 퉁명스러웠다.

늘 순응하던 아들이 저항하는 모습을 보자 당황스러웠고 그런 아들의 모습에 서운하고 속상한 마음이 동시에 터져 나왔다. 지금까지 아들은 내게 부담 없이 다가왔는데 저렇게 저항하다니, 저항한 것의 문제가 아니라 나를 못마땅하게 여기고 있다고 생각해 하루 종일 신경이 쓰였다.

그러나 다행인 것은 아들은 이미 등교를 해 나 혼자 씩씩 거렸을 뿐, 더 이상 감정이 격화되는 국면으로 넘어가진 않았다는 것이다. 시간이 흐른 뒤 아이에게 섭섭한 마음을 담아 문자를 보냈다. 아들의 답장은 "나는 아침에 누워서 빈둥거리는 일이 밥 먹는 것보다 가치 있어요. 샤워는 나한테 행복한 시간인데 빨리 끝내라는 말이 신경 쓰여 제 나름 빨리하고 나오는 겁니다." 였다.

미안했다. 침대에 누워서 충전하는 시간과 샤워를 즐기며 행복해할 시간이, 나로 인해 방해받고 있던 것이다. 내가 아이의 행복을 보장해주지 못하는 아빠가 되어가고 있다는 생각이 들자 자책감이 밀려왔다. 아들에게 일찍 일어나서 운동하라는 것은 내 개인적 가치이자 욕구다. 아들도 이미 성인이니 나름대로 생각이 있고 추구하는 자기만의 삶이 있다. 미안한 마음 뒤에 또다시 섭섭한 마음이 따라 왔다. 학교에서 돌아와 방문을 닫고 들어가서 대부분 시간을 침대에 누워 핸드폰만 보는 것은, 가족과 함께하지 않는 하숙생 같다는 느낌도 들었다. 자신만의 공간에서 자기 행복만 찾는 것이 서운하기도 했지만 딱히 뭐라고 할 이유를 못 찾겠다 싶었다. 자기만의 공간이 삶의 절대적인 영역이라는 것을 이미 알고 있던 터라, 아들에게 강한 주장도 못하고 마음속 어딘가가 썩 좋지 않은 느낌만 들었다.

마지막으로 나에 대한 자책이 뒤따랐다. 소통에 관해 공부도 하고 강의를 하는 내가 정작 자신의 문제에서 이렇게나 풀리지 않는 경험을 하고 보니 좋은 강사는 못된다는 생각이 들었다. 그래서 몇 개월간 끊었던 담배를 찾아 피웠지만, 이것이 또 담배를 피웠다는 것에 대한 실망으로 이어지는 것이다. 머리로는 이해했으나 감정은 남아 꼬리에 꼬리를 무는 일이 벌어졌다.

이때에도 자기 개방과 이해받는 느낌은 좋은 해답이 되었다. 나는 아내에게 오늘 겪은 일과 내 생각 그리고 감정을 털어놨다. 금연 약속도 무너졌고, 친구 같은 아빠도 못되고, 강사로서도 자격 미달이라는 느낌에 속상하다고 말이다. 아내는 "좋은 아빠와 강사가 되려고 하지 마! 당신은 사람들의 인생을 책임질 수도 없고, 완벽한 사람도 아니야. 그리고 어쩌다 피는 담배는 괜찮아. 건강검진도 좋게 나왔잖아."라고 했다. 아내의 말에 나도 모르게 웃음이 나왔다. 이해받고 있다는 느낌을 받았다. 아내 덕분에 오늘 별것도 아닌 문제에 필요 이상의 의미를 두고 괜히 힘들어했다는 생각이 들었다.

완벽한 '리더'가 되려는 강박이 나를 괴롭게 한 하루였고, 완벽하지 못한 스스로의 약점을 캐내며 자기비하로 자존감을 갉아먹는 하루였다. 아내의 말을 듣고 나는 완벽한 사람이 아니며 그런 나를 조금 더 너그럽게 대해야 되겠다는 다짐을 했다.

갈등의 진정국면

인식이 변화되고 대안을 찾을 수 있는 효과적인 방법은 내가 여러 입장이 되어보는 것이다. '지각적 입장'을 다양하게 바꿔보는 것을 포지션 체인지(position change)라고 한다.

타인에 문제가 아닌 정작 내 문제는 감정이 먼저 개입되거나 문제를 바라보는 시야가 좁아지는 것이 당연하다. 1차 입장(1st Position)에서 문제를 바라보면 주관적인 가치에 따라 생각하게 되고, 뒤따라 감정이 올라오고 행동하게 되기 때문이다. 남의 문제는 해결하기 쉽지만 정작 내 문제가 어려운 이유는 바로 1차 입장에서 생각하고 느끼며 감정적으로 대처하기 때문이다. 이러한 이유로 해당 분야의 전문가라 할지라도 본인 문제에는 현명함을 유지하기 어려워 진다. 자신에게 실망하고 자책하는 일도 이 입장에서 벌어진다.

반면, 타인의 문제는 내 위치가 3차 입장(3rd position)에 서게 된다. 그러므로 문제를 객관적으로 바라보게 되고, 해결책은 쉽게 찾아질 수 있다. 또한 나의 위치가 2차 입장(2 nd position)에 있으면 상대의 입장을 이해하거나 공감하기 쉬워진다. 나는 아들과 겪은 갈등 과정을 글로 정리하는 시간을 가져보았다.

첫째, 나의 관점(1st Position)에서 바라보기.

이 자리는 내 삶의 경험과 가치로 아들을 바라보는 1차 입장이다. 내 삶의 경험과 나의 가치를 기준으로 생각해보니 아들의 문제가 보인다. 샤워하면서 시간과 물을 아낄 줄 모르고 마구 낭비하는 철없는 아이로 보였다. 나의 가치와 생각이 옳고 저 아이는 아직 아무것도 모르니 옳지 못한 행동이 보이면 말해줘야 한다고 생각한 것이다.

둘째, 아들의 관점(2nd Position)이 되어보기.

이 위치는 아들의 입장에서 아들의 옷을 입고 아들의 눈과 마음으로 보고 느끼는 것이다.

나(아들)는 아침에 눈을 뜨면 아늑한 침대에 누워서 혼자만의 여유로운 시간을 갖는 것이 에너지를 충전하는 하나의 방법이고 소소한 행복감에 젖을 수 있는 가치 있는 시간이라고 생각한다. 그리고 내 방은 나만의 공간으로 그 누구도 침해할 수 없는 사적인 영역이다. 학교에서 돌아온 늦은

밤이면 나는 이 공간에서 스마트폰을 보며 음악을 듣고 나만의 방법으로 에너지를 충전한다.

셋째, 독자의 관점(3rd Position)에서 나와 아들을 담담하게 바라보기.

이 자리는 독자 혹은 제3자의 시선에서 나와 아들 모두를 보는 자리다. 아버지는 자신의 경험과 가치가 옳다고 생각하고 있고, 아들에게 자신의 가치를 요구하고 있으며 아들을 원망한다. 아들은 자기만의 공간이 보장되지 않으면 불편함을 느낀다. 아들은 자신의 영역을 지키고자 당당하게 아빠한테 저항했다. 얼마나 당당한가. 칭찬을 해줘야 마땅하다.

갈등 해소(순응)

우리가 갈등에 처했을 때 대처하는 방식에는 강요(지배), 순응(철회), 회피, 타협, 통합의 다섯 가지가 있다. 갈등 상황에 따라 효과적인 대처 방식이 다른데 순응은 문제 해결보다 관계를 중시하고 갈등이 개인의 성격이나 사생활과 연결되어 쉽게 해소될 수 없을 때 사용한다.

예컨대, 나는 아들이 학교에서 돌아오기만 기다렸다. 그리고 아들이 오자마자 두 가지를 이야기해줬다. 하나는 "샤워하는 동안은 너만의 행복한 시간이니 앞으로 30분을 하더라도 아빠 눈치 보지 말고 마음 편하게 해."이고, 다른 하나는 "네 방은 너만의 절대 영역이니 방안에서 스마트폰을 보는 것도 너의 자유이고 음악을 들으며 늦게 자는 것도 너의 자유야. 너의 공간에서는 무엇을 하던 방해 받지 않을 권리가 있으니까 방안에서 늘어져도 괜찮아."였다.

여러 관점에서 문제를 인식하게 하는 포지션 체인지를 통해 아들의 입장과 객관적 입장에서 갈등을 살펴보았고, 갈등 상황에서 선택할 수 있는 다섯 가지 방법을 고려하여 사생활과 가치의 문제에서 아들의 가치와 영역을 받아들이는 법을 택했다. 아들의 입장을 고려해보고 나니 내 마음도 열려 허용하기가 수월했고, 마음이 한결 너그러워지고 편안해짐을 느낄 수 있었다. 이제 갈등요인이 되었던 침대에서 늘어지기와 긴 샤워는 더 이상 얼굴 붉힐 거리가 아니게 되었다.

이처럼 조직을 이끄는 리더라면 처지를 바꿔보는 포지션 체인지와 다섯 가지 갈등 대응 방법을 적용하여 조직 관리와 사람 관리에 있어 더욱 성숙한 자세를 견지해야 한다.

리더의 갈등
대처방식 다섯 가지

회피

- 갈등의 원인을 이해하거나 바로잡으려는 시도를 전혀 하지 않는 경우, 갈등 상황을 무시하거나 방관한다.
- 중요한 문제가 아니라 해결했을 때 실익이 없는 경우
- 구성원들의 생각을 스스로 정리하게 할 필요가 있는 경우
- 당사자들끼리 더 효과적으로 해결할 수 있는 경우
- 현시점에서 효과적으로 처리할만한 충분한 정보를 갖고 있지 않은 경우

강압 지배

- 상대방을 희생시켜서라도 자신의 목표를 이루고, 이기기 위한 전략, 관계의 원만한 유지보다는 문제의 해결을 중요시할 때.
- 긴박한 상황에서 빠른 결단이 요구될 때
- 당사자들이 양질의 의사결정을 할 능력이 부족할 때
- 문제가 자신에게 혹은 집단 전체에 결정적으로 중요할 때
- 갈등이 개인의 가치관에서 비롯되어 바꾸기 어려울 때

순응 (철회)

- 상대방이 이익을 얻도록 유도함으로써 갈등을 신속히 해결하기 위한 전략, 문제의 직접적 해결보다는 관계 유지를 중요시할 때
- 갈등이 개인의 성격이나 사생활과 연결되어 있어 쉽게 해소될 수 없을 때
- 갈등 해결 과정에서 단기적 안정이 침해되고, 문제가 더 커질 수 있을 때
- 갈등을 해결할 시간이 제약되었을 때
- 이후 더 큰 문제 해결을 위해 내부적 신뢰가 필요할 때

타협

- 상호 적절한 양보를 통해 협상해야 할 때
- 문제가 복잡하고 중요하지만 명확한 해결책이 없을 때
- 가능한 해결책에 대해 갈등 당사자 모두가 강한 이해관계가 있을 때
- 강압이나 협동의 방법으로 만족스러운 해결이 되지 않아 뒷받침이 필요할 때

통합

- 관계 유지와 문제 해결을 똑같이 중요시해야 할 때
- 상하관계가 아닌 동료 간의 갈등이라 해결될 때
- 협동 문화가 조성될 수 있을 때
- 최선의 해결책을 요구하는 매우 중요한 문제를 다룰 때
- 서로 상이한 관점이나 관심을 하나로 일치시키려 할 때
- 갈등 해소를 위한 시간이 충분할 때

따르게 하는 힘,
신뢰

국내 A사 리더십 과정 중 '성과 관리' 교육 과정이 진행되었다. 이 회사는 이미 성과 관리 교육을 통해 핵심성과지표인 KPI(Key Performance Indicator)가 있었고, 평가 결과를 인사에 반영하는 시스템이 마련된 대기업이다. 제도와 시스템은 이미 마련되어 있지만 평가 공정성에 대한 자체 설문 결과는 실망스러운 수준이었다. 직원들은 자신의 성과가 평가에 어떻게 반영되고 있는지 설명을 들어보지 못하여 평가 제도나 리더에 대한 불신이 컸다. 불공정 요인을 조사해보니 리더가 평가와 관련하여 직원에게 설명하는 과

정이 없었다는 것이다. 시스템이나 평가 결과보다 과정과
절차에서의 불공정성이 문제였다.

경험으로 알게 된 것이지만 실제로 국내 여러 기업에서
이렇게 제도만 있고 실제 목표 면담이나 수행 면담 그리고
평가 면담이 제대로 진행되지 않고 있다. 그 결과 직원들은
자신의 목표와 역량이 어떤 기준으로 평가되는지, 업무 진
행 과정에서 무엇을 개선하면 되는지 왜 이런 평가 결과가
나왔는지에 관한 설명을 들을 기회를 얻지 못하여 불만과
불신을 쌓아간다.

참가자에게 면담 받아본 경험 중 의미 있는 사례를 메모
하게 했지만 대부분의 리더들은 기록하지 못했는데 그 이
유를 들어보니 자신들도 상사로부터 면담 받아본 기억이
없다는 것이다. 자신조차도 면담 받아본 경험이 없으니 어
떻게 면담을 이끌어가야 하는지의 준거가 없는 것이다.

이들의 학습 요구(needs)를 파악하기 위하여 면담이 어려
운 이유를 모아서 정리해보았다.

· 나를 별로 신뢰하지 않는다(질문해도 마음을 열지 않는다.
  단답형으로만 대답한다).
· 직원의 저항이 두렵고, 부정적인 내용을 솔직하게 피드백
  하기 어렵다.

- 감정적이 되어 논박하거나 수동적인 방어를 하게 된다.
- 명확한 평가 기준(이유, 근거)을 제시하기 힘들어 면담을 피하게 된다.
- 마땅한 해결(솔루션)을 제공할 수 없고, 사실 문제를 해결할 권한도 없다.
- 직원의 정서적 문제나 감정을 헤아리기 어렵다.
- 어떤 질문을 하며 면담을 끌어나가야 할지 모르겠다.
- 직원이 너무 많다(시간이 많이 든다).

이렇게 리더의 말을 들어보니 답답해하는 리더의 마음도 이해가 된다. 직원이 마음을 열지 않는 것은 리더에 대한 불신과 관계있다. 리더는 직원이 왜 본인을 불신하는지부터 알아야 하고 신뢰도 회복 방안을 찾아 직원이 마음을 열 수 있게 해야 한다.

먼저 배신의 고통을 이해하자. 리더도 누군가로부터 배신의 고통을 경험한 적 있을 것이다. 배신감은 승진 누락같이 기대가 충족되지 못했을 때와 해고와 같은 상황에서만 나타나는 것이 아니라 리더가 정보를 공유하지 않거나, 직원의 삶과 관련된 의사결정 과정에 참여시키지 않을 때도 나타난다. 이 밖에 합의된 일을 지키지 않을 때, 나의 비밀을 지켜주지 않을 때, 의견을 존중하지 않을 때도 생겨난다.

리더가 보기에는 대수롭지 않아 보이는 대화방식도 상처가 되어 불신을 갖게 한다. 이러한 배신이나 불신은 자기 직무와 회사에 몰입하는, 능력 있는 직원일수록 더 커질 수 있고 시간이 가면 절로 없어지는 것이 아니라 누적되어 더 냉소적이게 된다.

마음을 얻는 것도 중요하겠으나, 마음을 닫게 만드는 것이 무엇인지 아는 것도 리더의 중요한 역량 중 하나다. 직원이 방어적이고 단답형으로만 답한다고 왜 그러냐며 다그쳐서 될 일이 아니다. 어떤 의견이나 생각을 편하게 말할 수 있는 신뢰를 회복하는 데는 시간이 필요하다. 무엇보다 직원의 생각을 존중하며 끝까지 들으려는 열린 태도를 갖추어야 하고, 안전이 보장되어야 솔직한 자기 생각을 드러낼 수 있기 때문이다.

리더를 신뢰하지 않는 직원은 자신의 약점을 드러내지 않기 위해 방어벽을 친다. 그러므로 사람의 마음을 얻기 위해 리더는 세 가지 신뢰 역량인 계약적 신뢰, 능력신뢰 그리고 커뮤니케이션신뢰를 검토해보자.

첫째는 계약적 신뢰로서 이는 리더의 성품에 대한 것이다. 이것은 서로에게 기대하고 있는 것이 무엇인지 합의하여 결정하고, 일관된 행동으로 약속을 이행하여 서로 이득이 되게 하는 것이다. 목표 면담 실습 장면에서 빈번하게 관찰되는 것 중 하나는 '합의' 없이 직원에게 일방적인 목표를 제시하는 것, 평가 기준을 분명히 하지 않는 것이다. 직원의 저항과 불신은 여기서부터 시작된다.

리더는 직원과 함께 목표가 무엇이고 직원이 기대하는 것이 무엇인지, 어떤 기준으로 성과를 측정할 것인지에 대해 결정하고 합의하는 시간을 가져야 한다. 목표 면담에서 합의한 평가 기준에 따라 수행 면담과 평과 면담을 거쳐 일관성 있게 적용하면 직원은 리더를 신뢰하게 된다. 리더 역시 자기가 말한 약속을 지키는 과정에서 자기 신뢰를 갖게 되므로 리더의 자존감에 기여할 수 있다. 리더가 실천할 키워드는 기대 확인, 기준 설정, 합의 존중, 일관된 행동, 상호 이익이다.

두 번째는 커뮤니케이션신뢰다. 커뮤니케이션신뢰는 자기 개방에 대한 신뢰다. 즉 편하게 대화할 수 있는 조건을 만드는 것으로서 서로 정보를 공유하고, 사실에 근거하여 솔직하게 피드백을 주고받으며, 약점이나 실수도 인정하면서 대화의 비밀을 지키는 것이다. 사실 많은 리더가 직원의 못마땅한 행동에 대해 피드백하기를 꺼려 참거나 회피하는 방식을 택한다. 직원의 저항과 갈등을 염려하기 때문이다.

그러나 솔직한 피드백을 주지 않으면 직원은 스스로 잘하고 있다는 '주관적 기대치'를 높이게 되고, 이어지는 평가 결과에 대한 반발심은 커질 수 밖에 없다. 쿠퍼(Koper)는 〈사회심리학 저널〉에서 어떠한 설명도 없이 불공정을 느낄 때 직원들은 설욕하고자 하는 동기를 갖게 되며, 어떤 식으로든 복수할 방법을 찾는다고 하였고, 알렌과 루세로(Allen & Lcero)도 상호작용에 대한 불공정성은 불신의 핵심이며, 신뢰를 저버린 사람에게서 반격, 복수의 기회를 찾는다고 하였다. 반면 비스(Bies)는 사회적 설명(변명, 설명, 이유)를 제시하면 부당한 대우에 대한 분노의 감정을 완화 시킬 수 있으며, 바론(Baron) 또한 사전에 솔직한 설명이 있으면 나쁜 소식(승진 누락, 부정적 피드백)을 전달할 때 직원의 악의와 분노를 덜 발생 시킨다고 했다.

완벽하지 않은 자기를 있는 그대로 드러내는 건 자존감 높은 리더에게서 볼 수 있는 특징이다. 직원과 솔직하게 소통하는 과정을 통하여 상호작용의 공정성과 절차의 공정성을 모두 확보할 수 있게 된다. 커뮤니케이션신뢰에서는 정보 공유, 진실을 말하기, 피드백, 실수 용인, 비밀 유지가 리더가 실천해야 할 키워드다.

세 번째는 능력신뢰다. 능력신뢰는 요구되는 일을 할 수 있는 능력과 다른 사람과 효과적으로 상호작용하는 역량을 말한다. 리더가 사람들의 지식, 기술, 재능이나 판단을 존중하며 함께 참여하도록 해서 그들의 노력을 끌어내는 것을 말한다. 판단을 존중해준다는 것은 위축되지 않고 자신들의 능력을 최대로 발휘할 기회를 주는 것이 된다. 또한 계획하거나 의사결정 과정에 참여시킨다는 것은 직원이 책임감과 주인의식을 가지게 하여 능력을 발휘하고 싶도록 동기부여 하는 것이다. 자존감 높은 리더는 사람들이 능력을 발휘할 기회를 주고, 성장 과정에서 자발적으로 리더를 따르게 만드는 영향력을 확보한다. 리더가 실천할 키워드는 능력 존중, 판단 존중, 참여시키기, 배울 기회 주기다.

앞서 A사의 모든 리더는 이러한 필요에 따라 '성과 관리' 교육 과정에 전원 참여하였고, 8시간 동안 실전에 버금가는 면담 능력 훈련을 하였다. 각 면담에서 다루어야 할 실제 사례를 실전처럼 훈련하는 시간이었다. 마음을 여는데 필요한 미러링(mirroring), 백트레킹(backtracking)부터 면담을 이끌어 가기 위한 질문 기술을 적용하여 역할연기(role playing)하는 모습을 촬영하며 자신의 모습을 관찰하고 피드백을 받았다.

일 년 뒤 평가 공정성에 대한 자체 설문을 다시 받은 결과 무려 평균 20점이나 향상된 결과를 보였다. 직원들 대부분이 평가 결과에 대하여 공정하다고 느끼게 된 것이다. 이렇게 놀라운 결과를 만들어낸 이유는 리더들이 면담에 관한 자신감을 얻었기 때문이다. 자신감이 생기면서 지금까지 미루고 회피했던 면담을 다시 이행하게 되었고, 그 결과 직원들은 면담을 통해 참여하고, 피드백을 받고, 역량 개발 기회를 얻게 되면서 상호작용의 공정성을 경험하게 된 것이다.

더 중요한 것은 이렇게 면담을 받아본 사람은 리더를 모델링하여 스스로 성장하는 기회를 가지게 된다는 점이다. 그리고 여러 번의 면담 경험은 후속 성공을 만들어내고 이러한 경험들이 리더의 효능감을 높여주기도 한다. 결국 모든 영향이 합쳐져 리더의 자존감이 높아지는 격이다.

앞서 말한 바와 같이 신뢰는 리더의 마음만큼 바로 회복되는 것이 아니다. 만약 조직이나 개인 삶에서 배신 혹은 불신으로부터 회복이 필요하다면 다음과 같은 프로세스를 적용해보라. 이 모델은 데니스 라이너(Dennis S. Reina)가 《신뢰와 배신의 심리학》을 통하여 일반인에게 소개한 방법으로 리더십 과정에서도 활용되고 있다.

첫째, 제일 먼저 사실을 관찰하고 있는 그대로 인정하라.

"너는 나를 사랑하지 않아."는 사실이 아닌 해석이다. 해석이 아니라 있는 그대로의 행동이나 사실로 바꾸어 표현한다면 상대가 "눈을 부릅뜨고, 멍청한 인간아."라고 말한 것이 사실이다. 사실에 주목하고 받아들이면 된다.

둘째, 내 감정을 억누르지 않고 느껴본다.

부정적인 감정을 억누르지 말고 그대로 느껴보며 고통을 경험하는 것이다. "눈을 부릅뜨고, 멍청한 인간아."라고 한 말에 화나면 그 감정을 느껴라. 느끼는 것으로 됐다. 그 누구도 내 감정을 대신할 수 없다.

셋째, 정서적 지지를 받아라.

내가 경험한 것을 공유하고 싶지 않겠지만 자신을 드러내야 한다. 친구나 동료에게 현재 경험하고 있는 느낌을 말하라. 지지를 얻는 것은 긍정적인 회복의 한 방법이 된다. 무능력감, 우울에서 자존감을 회복하도록 사람의 도움을 활용하라. 상담자, 성직자, 전문의를 찾아도 좋다. 내 생각과 감정을 표현하는 시간을 가져라.

넷째, 경험을 재구조화하라.

자신에 대한 이해와 자각을 위해 질문해본다. 이 일이 왜 생겼는가? 이 사건은 나에게 어떤 의미가 있는가? 내가 배워야 하는 교훈은 무엇인가? 이러한 과정을 통해 의미를 재구조화할 수 있다. 의미 전환을 통해 성장하는 것이다. "내가 아무 생각 없이 뜨거운 냄비를 만져서, 놀란 마음에 눈을 부릅뜨며 멍청하다고 한 것이었어. 그래, 나를 아끼고 사랑하는 마음에 화가 난 거였네. 그 사람 참 솔직하네. 하지만 나는 다른 방법으로 표현하겠어."와 같이 생각할 수도 있게 된다.

다섯째, 책임을 받아들여라.

잘못을 저지른 사람에게 빠져 비난하고 비판하는 데 머물러 있기보다 그것을 자초한 내 행동이나 선택에도 책임이 있다는 것을 인지하라. 내가 어떤 역할을 했는지, 내가 다르게 할 수 있던 것은 없었는지 질문해본다.

여섯째, 나와 타인을 용서하라.

용서는 나를 분노와 적개심에서 자유롭게 하는 선물이다. 용서는 다른 사람보다 나에게 더 많은 이득을 준다. 사과할 때까지 기다린다면 나를 그 사람의 인질로 만드는 것이다. 나에게 해를 끼친 사람에게서 초연해질 필요가 있다.

일곱째, 자유롭게 놔주고 앞으로 나아가라.
이루고 싶은 것에 집중하고, 거기에 다다르기 위해 내가 할 일에 집중하라.

반드시 이 단계가 아니어도 좋다. 나름의 방식으로 건너 뛸 수도 있고, 특정 단계에 더 많은 시간을 쓸 수도 있다. 과정의 순서는 중요하지 않다. 중요한 것은 진실되게 경험해 보는 것이다. 결국 사람의 마음을 얻는 것은 특별한 기술보다 타인의 생각을 존중하며 들으려는 마음에서 시작하여 약속을 지키기, 정보를 공유하기, 진실을 말하기, 솔직하게 피드백 주기, 내 실수 인정하기, 비밀 유지하기, 능력과 판단을 존중하기, 참여시키기, 배우고 성장하는 기회 주기를 실천하는 것에 있다.

물을 거꾸로
흐르게 하라!

의식적으로 필요하다고 여기지만 마음속으로는 달갑지 않은 것이 있다. '혁신' 혹은 '변화'에 관한 것이다. '혁신' 하면 연상되는 기업, 제품 혹은 인물을 떠올려보자. 아마도 미국 증권가가 주목하는 페이스북(Facebook)·아마존(Ama-zon)·넷플릭스(Netflix)·구글(Google)과 같은 혁신기업이거나, 날개 없는 선풍기같은 제품 혹은 마크 저커버그(Mark Elliot Zuckerberg)와 같은 인물이 떠오를 것이다. 우리는 자연스럽게 나오는 거리가 먼 억만장자가 된 사람, 매우 큰 영향력을 행사하고 우리가 가지지 않은 창의적이고 독보적인 기술이나 방법을 연상하게 된다. 그러다 보니 더욱더 우리와는 거리가 먼 이야기가 된다. 혁신은 대단하거나, 놀랍거나, 위대한 것이면서도 부담스럽고 썩 달갑지 않은 과제이기도 하다.

의식적으로 혁신이 필요하다고 여기고는 있지만 실상은 부담스러울 수밖에 없는 것이니 혁신에 대한 적극적인 태도를 보이는 것은 쉬운 일이 아니다. 목표가 나의 능력에 비해 너무 높거나 크다면 그것은 마주하고 싶지 않은, 또다른 스트레스 요인이 된다. 그러므로 나의 능력보다 약간 도전적인 수준의 혁신 목표를 찾아보는 것이 바람직하다. 대단하지 않아도 나의 습관처럼 나와 직접 관련된 일상에서 찾아볼 수 있는 것, 부담스러운 과제가 아니라 즐겁고 의미 있는 변화를 줄 수 있는 것에서부터 혁신을 시작한다는 관점을 새겨둘 필요가 있다.

혁신에 대한 부담을 덜기 위해서라도 혁신의 의미를 다시 보자. 사전적 의미의 혁신은 다음과 같다.

혁신(革新,Innovation) [명사] 묵은 풍속, 관습, 조직, 방법 따위를 바꾸어서 새롭게 함

이렇게 보면 혁신은, 기업을 중심으로 한 제품과 서비스뿐 아니라 사회, 문화, 정치, 종교에서도 실행할 수 있는 것

이며 개인의 삶에도 적용되는 말이다. 리더의 일 처리 방식이나 삶의 방식 안에서 시작되는 아주 사소한 변화로 이전의 삶의 방식과 태도가 새롭게 전환되는 것도 혁신이라 볼 수 있다.

부담은 적지만 새로운 방식으로 큰 변화를 가져올 수 있는 혁신 대상을 찾아보자. 부담이 적은 대상이란 리더가 충분히 영향력을 행사할 수 있는 것을 말한다. 사람을 관리하는 방식이 될 수 있고, 조직을 운영하는 방식이 될 수도 있다. 게다가 혁신은 리더 혼자만의 역량으로 어렵게 추진해야 하는 과제도 아니다. 혁신 과제는 구성원들의 참여와 함께 하는 것이 오히려 더 효과적이다.

스탠포드대학교의 로버트 서튼(Robert Sutton) 교수도 "혁신은 한 명의 천재를 통해 이루어지는 것이 아니며, 새로운 아이디어를 과감히 실천할 수 있는 '조직적 기반'이 있어야 한다."라고 지적했다. 과거는 에디슨 같이 위대한 인물 한 사람의 창의적인 아이디어가 혁신을 이루었지만, 현재는 다양한 경험을 가진 구성원들의 다양한 관점을 하나로 모으는 능력이 보다 요구된다. 복잡한 기술 혁신도 대부분 여러 관련자가 집단으로 만들어낸 것이다. 리더인 한 사람의 능력에 의존하기보다 여러 사람이 참여하여 아이디어를 공유하고 융합하는 집단지성이 바탕되어야 하므로 리더인 내가 창의적인 아이디어나 기술을 가지고 있어야 한다는 강박부터 버려야 한다.

GE의 전 회장 제프리 이멜트(Jeffrey Immelt)가 한국을 방문했을 때 바로 이 점을 지적한 바 있는데, "융합이 필요한 4차 산업혁명 시대에 한국기업은 불리한 구조를 가지고 있으며, 무엇보다 수직적인 조직 문화를 혁신하지 않으면 힘들다."라는 것이다. 리더에게 의존하는 권위적, 일방적, 수직적 소통 구조에서는 직원들이 자신의 생각을 편하게 말할 수 없기에 다양한 분야의 아이디어가 융합되 기술적인 혁신을 이루는 데 한계가 있다는 이야기다.

익숙하지만 버려야 할 낡은 방식을 찾아 새롭게 시작해 보라. 리더가 얼마든지 영향력을 행사할 수 있는 것부터 혁신의 대상으로 삼아 보는 것이다.

구글, 다이슨 등 혁신적인 기업들의 회의 방식을 보면 격없이 둘러앉아 수평적으로 소통하는 장면을 쉽게 볼 수 있다. 리더가 말하고 직원들은 수첩을 들고 받아 적는 우리의 회의 방식과 상당히 대비된다. 혁신은 이렇게 묵은 관습을 바꾸어서 새롭게 함을 우선해야 한다. 따라서 작은 변화를 위해 리더가 해야 할 일은, 여러 사람의 아이디어가 섞일 수 있는 환경부터 조성하는 일이다. 때로 사람들의 생각이 어처구니 없는 것일지라도 마음껏 말할 수 있는 브레인스토밍 환경을 만들어 주어야 한다.

글로벌 동영상광고 전문 플랫폼 회사 벙글(Vungle)의 창립 멤버이자 디렉터인 개빈 맥니콜은 "더 이상 TV에서처럼 일방적인 소통 방식이 통하지 않는다. 유저(User)가 직접 참여하고 제품과 서로 원활하게 상호작용하는 광고 플랫폼이 세계적인 인기를 끌고 있다."라며 광고의 흐름을 짚어냈다.

사람들은 참여의 기회가 주어질 때 소속감을 느끼며, 개인의 관심과 생각을 나누는 과정에서 즐거움을 얻는다. 실제로 페이스북(Facebook)·아마존(Amazon)·넷플릭스(Net-flix)·구글(Google)등 혁신기업의 성장배경을 살펴보면 사람들의 '참여'와 '소통'에서 오는 '사소한 즐거움'을 기반으로 성장한 것을 알 수 있다. IT기업뿐 아니라 관공서, 언론, 학교에 이르기까지 이제 일방적인 제공이나 결정은 통하지 않는다. 직접 참여하고 소통해야 반응이 온다.

리더가 먼저 시도해야 할 혁신은 대단한 기술의 혁신이 아니라 '소통의 혁신'이다. 역설적으로 소통의 혁신을 이루는 데는 조직 구성원의 '리더 의존도'를 낮추는 것에서 시작해야 한다. 그러기 위해서는 리더가 지시하면 구성원이 따르는 방식이 아니라, 사소한 것부터 구성원이 참여하여 즐거운 기분으로 자신의 의견을 개진할 수 있는 분위기를 만들어야 한다. 다시 말해 리더가 말을 줄이고, 사람들이 참여하는 시간을 늘리는 것이 조직 문화를 바꾸는 소통 혁신의 출발이 된다.

아내의 요청으로 가족 회의가 열렸다. 이번 달 지출이 많다며 도대체 어디에 돈을 쓰고 다니는지 보려는 분위기였다. 각자의 지출에 대해 말할 기회가 생겼고, 그러다 보니 분위기는 반전되어 오히려 지출의 당위성이 여기저기서 터져 나왔다. 각자의 말을 듣고 보니 마땅히 써야 할 것들에 쓴 것이라는 결론이 나왔는데, 문제는 두 명의 대학생 학비가 고정적으로 지출될 예정이니 아내 입장에서는 팍팍한 살림살이가 되었다는 것이다.

가계 사정을 알게 된 딸아이 표정이 어두워졌다. 이유인즉, 얼마 전 오디션에서 카메라 테스트를 받을 때 치아 색상에 대한 지적을 받고 고민했던 것이다. 카메라 감독에게 "치아 색이 밝지 않은데 담배 피우냐?"라는 말을 들었고, 그때부터 치아가 신경 쓰여 활짝 웃는 일이 더 어려워졌다는 것이다. 치아 미백을 하고 싶지만, 지금까지 아빠를 지켜본 바로는 빚을 내면서까지 지출을 감행한 적이 없었기에 말도 못 하고 있었단다.

맞다. 예전 같으면 아이를 도와주고 싶지만 더 큰 돈이 나가야 하는 상항으로 인해 스트레스받거나 돈이 풍족하지 않음을 원통해 했을 것이다. 하지만 돈에 대한 나의 태도에 변화가 생겼다. 기존의 나라면 '돈이 없는 상황에서 추가 지출은 불가능한 일이고, 돈은 쓰지 말고 아껴야 해'라고 생각했겠지만 근래 독서모임을 통해 읽게 된 돈과 관련된 책에서 새로운 관점을 얻은 것이다.

"돈은 유한하지만 부자의 마음은 무한하다.", "돈이 없다고 해서 생각도 빈곤할 필요는 없다."

이 문장을 통해 돈을 대하는 마음에 변화가 생긴 것이다. 갑자기 돈을 많이 버는 법이라도 찾은 것인지 묻는다면, 그렇지 않다. 이 변화는 내가 가진 묵은 방식을 새로운 방식으로 바꾸는 것에서 시작된다.

나는 딸을 어루만지며 "너의 미래를 위한 것이니 당연히 치과에 가야지. 네가 매월 갚아 나가겠다는 생각을 할 정도로 이 일이 너에게 중요한 것이었구나. 그동안 마음 고생이 많았다. 그 돈이 너에게 엄청난 운을 불러오게 할 테니 이른 시일 내로 치료하자."라고 말해주고는 치료비를 내기로 했다.

그 순간 딸과 아내 모두의 안색이 환해졌다. 아내도 딸아이의 고민을 들어주고 싶었지만 내 눈치를 보느라 마음 고생을 했나 보다. 그 틈을 노린 아들도 인터넷 강의를 들어야 했는데 못 했다며 강의료를 요구했다. 물론 당장 지출할 수 있는 현금은 없었다. 하지만 배우는 데 사용하는 돈은 깊게 생각하지 않기로 했다. 예전 같았으면 온 가족이 인상을 쓰며 마무리될 가족 회의였는데 이번만큼은 모두의 낯빛이 밝았다.

예전의 나로서는 돈이 없는 상황에 추가 지출은 고사해야 할 일이었겠으나, 나의 오래된 관점이 바뀌어 가족 모두가 이롭게 되었다면 내게도 비로소 작은 변화가 시작된 것 아닌가? 비록 당장의 지출이 늘어나 어깨가 무거워지겠지만 아이들의 가치를 더 소중하다고 생각하고 행동한 것은 나에게 큰 변화가 아닐 수 없다. 아이들에게는 이런 나의 모습이 과히 혁신적이었다고 한다. 돈을 대하는 방식에서만큼은 개인적인 혁신을 이룬 것이다.

이제 리더가 할 수 있는 변화와 혁신의 대상이 구체적으로 그려졌을 것이다. 의사결정 과정에 사람들을 참여시키는 것, 그리고 편하게 의견을 말할 수 있는 소통 환경을 만드는 것이 리더가 실천할 수 있는 변화와 혁신의 출발이다. 사소한 것까지 편하게 말할 수 있는 장을 열어주는 것은 사람들에게 참여와 생각 나눔에서의 성취를 맛보게 한다. 좋은 아이디어는 이런 가운데서 나온다. 직원들의 아이디어가 아래서 위로 흘러 올라가야 변화와 혁신의 바탕이 된다. 물이 거꾸로 흐르게 만드는 것이 바로 혁신이다.

몰입하는 직원의
일곱 가지 특징

지금의 직장이나 일에 대해 자신에게 다음과 같이 질문
해보자.

Q. 현재의 직장에 애착을 두고 있어 앞으로도 이 직장과 함
   께하고자 합니까?

Q. 또는 직장이 바뀌어도 지금 하는 일과 관련된 일을 계속
   하고자 합니까?

Q. 내 일에 자긍심을 가지고 있으며, 자발적으로 내 능력을
   사용하여 몰두합니까?

이 질문은 순서대로 조직 몰입, 경력 몰입, 업무 몰입과 관련된다. 첫 질문인 '조직 몰입'은 조직을 위해 노력하며 조직에 계속 남으려는 의지에 대한 것인데, 나의 경우 첫 직장에 다닐 때만 해도 '조직 몰입'수준은 매우 높았다. 회사의 발전이 곧 나의 발전이라 여기고 조직을 위해 기꺼이 개인적 희생도 감수할 정도였다. 하지만 IMF 이후 조직이 내 삶을 책임질 수 없다는 것을 목격하면서 조직에 대한 심리적 의존 대신 내가 좋아하는 일을 계속하여 전문가가 되는 '경력 몰입'에 더 많은 관심을 두게 되었다. 두 번의 이직에도 줄곧 같은 업무(교육)를 담당했고, 퇴직 후에도 20년 넘게 같은 분야의 일을 하고 있으며 앞으로도 계속하려는 의지가 있으니 나의 경력 몰입 수준은 높은 편이다. 세 번째는 업무 몰입에 관한 것으로, 스스로 일에 애착을 두고 있고 만족하고 있다면 이 일을 통해 즐거움을 자주 느끼고 일에서 자신의 정체성을 찾고 행복을 느낄 수 있다.

지금의 일에 대한 애착이 높고 천직으로 여기고 있지만, 나의 일이 천직이라는 생각을 처음부터 가지게 된 것은 아니었고, 이 일에 내 능력을 발휘할 수 있다는 재미와 의미를 알게 되면서부터였다. 처음에는 단지 구직을 위해 여기저기 입사지원서를 냈을 뿐이고, 첫 직장을 '교육과'로 발령

받았기에 교육 관련 일을 맡은 것이다. 게다가 입사 초기에 하는 일이란 교육장 출석 체크, 강사 소개, 교보재 관리, 연수복 관리, 경비 정산을 위한 영수증 모아 붙이기 등 일에서 느끼는 의미와 재미는 그리 크지 않았다.

주말과 일요일이면 백화점 앞에 늘어선 고객의 차를 대신 주차해주는 일이 교육 업무보다 더 중요한 일이었고, 엉뚱하게도 주차 지원 일이 본업보다 더 재미있어졌다. 그러던 내가 업무 몰입을 높일 수 있었던 것은 새로운 업무에 적응하고 몇 개월이 지난 후였다. 선배가 맡았던 '사내 근무 수칙'에 관해 강의하는 일을 넘겨받은 것이다. 매장의 근무 기강을 위하여 필수적으로 배정된 과목일 뿐 규칙에 관한 것이라서 따분하고 평가도 좋지 않은 과목이었다.

나는 근무 기강을 바로잡는 이 일이 매장 직원의 친절 수준을 높이는 데 중요한 과목이라고 생각했고, 나에게는 너무 어렵지도 쉽지도 않은, 다만 도전적인 업무였다. 도전할 만한 일이 주어지자 이것을 잘 해내고 싶다는 의욕이 생겼고 매장 직원의 행동 패턴이나 의미를 알고 싶은 호기심도 생겼다. 호기심은 세밀한 관찰로 이어졌고, 직접 관찰한 내용을 강의에 적용하다 보니 확신이 들었다.

잘못된 행동에 대한 이해를 돕고자 불량스럽게 근무하는 직원의 행동을 흉내 내며 강의했다. 바로 그때부터 교육생들의 반응이 바뀌기 시작하면서 강의 내내 웃으며 집중할 수 있는 환경이 조성되었다. 사람들의 생기 있는 눈빛과 표정을 통해 살아있다는 벅찬 감정을 경험하는 순간이었다.

단지 호기심으로 관찰하고 경험하며 흉내 낸 것인데 이렇게 사람들의 반응이 폭발적이라니…. 이 작은 성공 경험이 직장에서 10년, 직업으로 20년 동안 이어지는 경력 몰입의 시초가 된 것이다. 작은 성공을 경험한 뒤로 자연스럽게 더 잘하고 싶다는 욕심이 생기면서 내 경험과 권위의 힘을 실어줄 책을 찾아 읽게 되었다. 공부를 시작한 날부터는 고객의 심리와 직원의 행동에 관한 시야가 넓어지는 것이 느껴졌다. 그렇게 조금 더 준비된 교안으로 다음 교육에 다시 적용했다. 강의하면서 보이는 교육생의 표정과 강의 직후 받아본 교육 설문지의 솔직하고 긍정적인 피드백은 나를 더욱 열정적으로 만들었다. 온몸에 에너지가 충전되고, 벅찬 감정이 가득했다.

이후 누가 시키지 않아도 개선하고 싶은 일이 눈에 보였다. 스스로 해야 할 업무 과제를 정하고, 스스로 정한 목표였기 때문에 에너지를 쏟아 일하게 된 것이다. 자연스럽게 프로그램도 구성해보고 강의 자료 만드는 일에는 시간 가는 줄 모르게 빠져들었다. 돌이켜 보니 이것이 바로 업무 몰입이었다. 일하면서 일이 일로 여겨지지 않는 경험, 시간 가는 줄 모르게 빠져드는 즐겁고 뿌듯한 일이 몰입 경험이다.

《열정과 몰입의 방법》에서 케네스 토마스(kenneth thom-as)는 일터에서 몰입하는, 열정적인 사람들의 공통점으로 다음 네 가지를 밝혔다.

· 자신이 의미 있는 일을 하고 있다는 느낌
· 그 일을 하는 데 선택권이 있다는 느낌(주도성, 자율권)
· 그 일을 해낼 수 있는 능력(기술이나 지식)을 갖추고 있다는 느낌
· 점점 더 발전하고 있다는 느낌(피드백, 내적 보상)

내 경우 상사가 시킨 일은 아니었지만, 호기심을 가지고 사람들의 행동을 관찰했고 그들을 흉내 내며 전달하는 능력이 나에게 있다는 걸 깨닫게 되었다. 교육 후 설문으로 받은 피드백을 통해 점점 잘하고 있다는 것 또한 느꼈다. 그런 느낌과 경험이 업무에 몰입하게 만든다는 몰입의 네 가지 요인과 그대로 일치한다.

긍정심리학 분야의 선구자 칙센트 미하이는 《몰입의 즐거움》에서 몰입은 스스로 만든 행복이라고 하면서 세 가지 몰입요인을 말한다.

- 명확한 목표가 있을 것
- 효과를 곧바로 확인할 수 있도록 할 것(즉각적 피드백)
- 능력에 맞는 과제를 수행할 것(도전적 수준의 난이도)

리더가 부하직원을 몰입시키려면 반복 연습을 통해 자신 감과 자기효능감을 경험하게 하고, 위임이나 참여를 통해 동기부여 하는 것이 필요하다. 물론 현재 맡은 업무 중에는 나와 맞지 않는 일도 있을 것이다. 처음부터 그 업무에 흥미를 갖고 몰입하기란 쉽지 않다. 여러 업무 중 나의 호기심을 불러일으키는 일부터 찾아보자. 이 호기심이 몰입을 일으키는 출발점이 된다.

하나의 업무에서 몰입을 경험하면, 점차 더 잘하고 싶고 내가 잘하는 것이 무엇인지 알게 된다. 강점이 일과 연결되면 그 일에 몰입하면서 더욱더 잘해내고 싶어진다. 그러면 누가 시키지 않아도 공부하고 싶고 비로소 능력이 개발되는 것이다. EBS의 〈엄마도 모르는 우리 아이의 정서지능〉에서는 자신의 분야에서 뛰어난 성과를 보이는 사람들은 강점 지능과 직업이 일치하고 있음을 보여준다.

우리 스스로 무언가에 몰입하려면 다음 일곱 가지 몰입 요인을 적용해보자. 리더 또한 이것을 직원에게 그대로 적용하며 리더십을 발휘해보라.

내가 지금 하는 일에 의미를 부여한다(직원에게 업무를 지시할 때 그 일이 왜 필요한지 어떤 의미가 있는지 말해준다).

스스로 할 일을 선택해서 해보자(직원에게 자율권을 주어, 무엇을 어떻게 할 것인지 위임해본다).

그 일을 수행할 역량을 기른다(직원이 작은 성공을 경험하여 효능감을 느끼게 한다).

외부의 인정과 평가에 의존하지 말고, 스스로 잘하고 있음을 경험한다(외적인 보상보다 성취감과 만족감을 느끼도록 돕는다).

나와 구성원의 목표는 명확하게 설정한다.

효과를 곧바로 확인한다(직원에게 즉각적이고 중립적인 피드백을 해준다).

내 능력에 맞는 과제를 수행한다(직원의 능력을 고려하여 난이도를 정한다).

한 분야에서 10년 정도는 종사하는 경험을 가져야 소위 '전문가'라는 말을 듣는다. 다시 말해 일정 기간 경력 몰입 수준을 유지해야 전문가가 되는 것이다. 마찬가지로 리더가 지금의 일을 좋아하고 있고 앞으로 더 계속하고 싶은 애착이 있다면 분명 행복한 리더의 길을 걸을 수 있을 것이다.

조직 몰입,
경력 몰입, 업무 몰입

몰입(Flow)은 무언가에 흠뻑 빠져 있는 심리적 상태로, 어느 한 곳에 모든 정신을 집중하여 시간 가는 줄 모르고 즐거운 상태다.

1. 조직 몰입

자기가 속한 조직에 일체감을 가지고 몰두하는 정도를 말한다(Kanter, 1968). 개인이 조직에 대하여 느끼는 감정적 몰입 혹은 애착이며, 조직의 발전을 위하여 노력하고자 하는 구성원의 의사다. 조직 몰입도가 높으면 생산성, 직무 만족, 성과 향상이 높고 이직과 결근율이 낮다.

2. 경력 몰입

경력 몰입은 특정 분야에서 업무를 수행하는 사람이 가지고 있는 자신의 전문 분야에 대한 심리적 애착 또는 현재 전문 분야와 관계된 일을 계속해서 행하려는 심리적 상태를 말한다. 경력 몰입은 조직이 바뀌어도 개인이 평생에 걸쳐 그 일이나 직업에 대해 애착을 가지고 계속 하려는 태도이다.

3. 업무 몰입

맡고 있는 직무가 그 사람의 인생에서 차지하는 중요도이며, 일과 내가 하나되어 정체감을 갖는 것을 의미한다. 그러므로 내 일에 관해 의미 있고, 중요하다고 생각하며 해낼 능력을 가지고 있다는 자기효능감이 업무 몰입에 주요소이다.

4장

리더에게 필요한
자기 사랑의 원칙
: 자존감 공부법 Ⅱ

미리 쓰는 일기가
가져다주는 미래 1기

특별히 마음 쓸 일 없는 평온한 일상이지만 아내가 조금씩 무기력해 보였다. 두 아이가 대학생이 되자 상대적으로 엄마의 역할도 줄었다. 특별한 사건, 사고 없는 일상이 수험생을 뒷바라지하느라 몸과 마음을 쏟았던 날보다 더 저조한 에너지 상태처럼 보인다.

초등학교 때 내 일기가 그랬다. 시골에서의 여름 방학은 늘 다를 게 없다. 매일 똑같고 특별한 일이 없기 때문에 방학 숙제로 써야 하는 일기만큼 무의미하고 재미없는 것도 없었다. 아무 일도 없던 날의 일기 쓰기는 더 죽을 맛이었다. 그러나 일기에는 매일 재미있다고만 썼다.

"물놀이하며 놀았다, 참 재미있었다.", "물고기를 잡았다, 참 재미있었다."

매일 물에서 노는 것 말고는 달리할 수 있는 게 뭐가 있을까? 그리운 그 시절의 평온한 일상은 일기 쓰기조차 어려울 만큼 심심한 하루였고, 가끔 벌에 쏘이거나 뱀을 만나게 되어 어제와 다른 날이 되면 일기를 얼른 쓰고 싶었다.

너무 심심한 나머지 어느 날은 일기를 미리 써보기로 했다. 내가 원하는 대로, 어제와 다른 일로 미리 꾸며진 일기였다. 미리 일기를 쓰고 난 뒤 재미있는 일이 더 많아졌다. 어느 날은 교과서에 실린 것처럼 개구리 배를 갈라 해부학도 흉내를 내고, 《톰 소여의 모험》의 주인공처럼 마을 뒷산 아기 울음소리가 들린다는 무서운 골짜기도 가봤고(정말 아기 울음소리가 들리는듯하여 도중에 도망쳤다), 이런저런 궁리 끝에 전망 좋은 나무 위에 내 집도 만들었다. 미리 쓴 일기 덕에 호기심이 살아나고 모험하는 즐거움이 생긴 것이다.

"이렇게 사는 게 맞는 건지 잘 모르겠어."

"스스로 작아지고 집에서도 내가 별로 중요한 것 같지 않아."

아내 이야기를 들어보니 여행, 쇼핑, 친구와의 수다는 모두 그때뿐이고 기분이 자주 처진다는 것이다. 아내 마음에 감기가 온 것이다. 아내가 하는 푸념은 내가 무엇을 하면서 하루를 지내야 좋을지 모르겠다는 것이었다. 지금까지의 주부경력으로는 할 수 있는 것을 찾을 수 없다는 거다. 돈을 버는 일도 좋지만 살아있음을 느끼고 싶다고 했다. 아내의 감기의 근원은 빅터 프랭클(Viktor Emil Frankl)이 《죽음의 수용소에서》에서 표현한 '실존적 공허'였다.

아내에게 물었다. "만약 복권이 당첨되어 돈 걱정 없이 산다면 무엇을 하고 싶어?"

"자그마한 카페." 괜히 물어봤다. 그건 큰 목돈이 있어야 하는 일이니 내가 감당할 수 없었다. 며칠 후 서점에 가서 카페에 관한 책을 골라보자고 했다. 아내의 꿈을 죽이고 싶지는 않고 그렇다고 형편이 되는 것도 아니니 꿈이라도 마음껏 꾸며 위로받게 하려는 심산이었다. 인테리어가 예쁜 카페를 두고 말할 때면, 아내의 눈에서 빛이 났다. 그럴 때는 나도 아내의 카페가 있으면 참 좋겠다는 생각이 들었다. 그러나 더 이상으로 행동하지는 않았다.

카페 이야기만 하면 변함없이 표정이 달라지고 말이 많아지니 그로부터 몇 개월이 지나 그냥 툭 물어봤다. "만약 카페를 차린다면 우리 동네 어디가 좋을까?" 그냥 던져본 말이었는데 이때부터 아내는 열정적이 되었다. 아내는 오

전 에어로빅 시간이 끝나면 끈 없는 강아지처럼 동네 구석
구석을 훑고 다녔다. 카페라는 단어 하나가 문화센터 강좌
나 쇼핑보다 더 좋은 무기력에서 벗어나게 하는 약이었다.
카페 위치가 어떻다느니 크기가 어떻다느니 머릿속에 나름
의 지도를 그려 놓고, 공인중개사 사무실을 들락거리며 여
기저기에 영역 표시를 해두고 있었다. 되돌릴 수 없는 일이
되어갔다.

　"카페가 당신에게 어떤 의미가 있기에 카페를 차리려고
해? 돈 벌고 싶어?"
　"그럼! 당연히 돈도 많이 벌면 좋지, 그런데 온 동네가 카
페니까 돈보다 뭔가 생산적이고 의미 있는 하루를 살고 싶
고 내 공간이 있으면 좋겠어."
　이 말을 듣자 아내를 진심으로 돕고 싶다는 생각이 들었
다. 그렇게 몇 개월이 흐른 어느 날 동네에 조그마한 자리가
나왔다는 아내의 재촉에 답사 차 뒤따랐다. 깔끔하고 좋아
보였다. 협상의 기술은 어디서 배웠는지 아내에게 없던 새
로운 능력도 생겨났다. 그렇게 중앙대학교 정문 옆에 커피
와 요거트, 그리고 디저트가 있는 작은 공간이 마련되었다.
대학생 자녀가 둘인지라 경제적 여유도 없고, 주변에 카페
가 즐비하니 좋은 입지는 아니다. 그럼에도 감행한 이유는

간단하다. 아내가 일을 통해 자신의 존재를 확인하고 싶어 했고, 힘들어도 아내가 하루하루의 '의미'를 채우길 원해서다. 그 간절함, 아내의 바람과 행동이 나를 움직인 것이다.

마음속 꿈이나 목표를 현실로 이루어내는 사례는 우리 주변에 무수히 많다. 미리미리 구체적으로 그려둔 꿈이 이루어지도록 하는 것에는 마음 작동과 관련된 과학적 근거가 있다. 꿈을 이루는 데 마음이 어떻게 작용하는지 그 원리를 이해하기 위해 양자물리학의 관찰자 효과(observer effect)를 들여다보자.

물리학의 한 분야인 양자역학에서는 모든 물질의 최소 구성요소를 '미립자'라고 한다. 독일의 노벨 물리학 수상자인 베르너 하이젠베르크(Werner Karl Heisenberg)는 이 미립자를 '무한한 가능성의 알갱이들'로 규정하면서 "우주의 모든 정보와 지혜와 힘을 가지고 있어서 인간이 원하는 모든 것을 창조할 수 있는 가능성이 담겨 있는 최소단위."라 했다. 그가 이렇게 주장하는 이유는 미립자가 눈으로 볼 수 없는 최소단위로 존재하다가, 실험자가 어떤 의도나 생각을 가지고 바라보는 순간 실험자의 생각대로 현실에 나타나 보이는 현상을 발견했기 때문이다. 이 현상을 양자역학에서는 '관찰자 효과(observer effect)'라고 한다.

누구나 마음속에 이루고 싶은 것이 있을 것이다. 그렇다면 미립자의 작용에 따라 누군가 마음먹은 대로 현실에 나타나야 할 것인데 우리가 기대했던 만큼 현실화되지 않는 이유는 무엇일까? 이루지 못한 것과 이루게 하는 것의 차이는 어디에 있을까? 이를 성취한 사람들의 메세지와 연구를 종합해 보니 비밀의 열쇠는 생각, 감정 그리고 지속성에 달려 있었다.

첫째, 생각과 느낌의 결합이 필요하다. 미립자를 움직여 반응이 나오게 하려면 단지 생각만으론 부족하다. 표면적인 '생각'뿐아니라 '느낌'과도 결합해야 한다. 《왜 그런지 돈을 끌어당기는 여자의 39가지 습관》의 저자 와타나베 가오루는 돈은 '에너지'이므로 돈에 대해 좋은 '이미지'로, 감사와 기쁨의 '감정'을 갖고 돈에 대해 '자주' 생각하라고 하지 않던가?

캘리포니아 HeartMath 연구센터의 세포생물학자 글렌 레인 박사(Glen Rein)는 10명을 한 집단으로 묶어 DNA 사슬을 풀려는 명확한 '의도와 생각'을 갖게 하고 그 구조 변화를 관찰했지만 아무런 변화를 찾지 못했다. 다른 그룹에는 2분 동안 특정 '감정이나 느낌'을 갖도록 한 후 구조 변화를 관찰했으나 역시 통계적으로 의미 있는 변화는 없었다. 마지막으로 의도와 생각 그리고 감정이나 느낌을 동시에 갖게 한 그룹에서는 DNA 구조에서 의미 있는 변화를 보였다.

이 실험과 관련하여 생화학과 뇌의 기능을 연구한 조 디스펜자 박사(Joe Dispenza)는 그의 저술서 《브레이킹》에서 "생각이 전기 신호를 보내고, 감정은 자기(magnetism)를 만들어 사건을 끌어당기며, 생각하는 방식과 느끼는 방식이 함께 존재의 상태를 만들어낸다."라고 했다. 결국 우리의 생각이나 의식도 말로만 하는 표면적인 것만이 아니라 감정이나 느낌과 결합해야 미립자가 반응하여 변화가 일어나는 것이었다.

그렇다면 생각과 느낌을 결합하는 좋은 방법은 무엇일까? NLP(신경언어프로그래밍)에서는 생각과 느낌을 구체화하여 생생하게 구현할 수 있는 실용적 방법을 제공한다. NLP는 마음속 시각적 이미지를 더욱 선명하게 만들고, 촉각적 느낌을 확장하여 그것을 몸의 특정 위치(손등, 어깨, 표정 등)에 연결하여 저장하거나 재생하여 다시 느낄 수 있게 한다. 다음과 같이 마음을 작동시켜보자.

먼저, 생각으로 원하는 것을 이미지로 그려본다. 그 이미지가 흑백이면 색상을 입혀도 좋다. 마치 영상을 편집하듯 상상으로 내 마음에 드는 그림을 떠올려본다. 내가 원하는 환경에서 원하는 사람도 이미지 안에 있다고 편집하듯이 상상할 수 있다. 만약 이미지가 정지 화면이라면 동영상처럼 움직이는 화면으로 보라. 조금 더 가까이 잡아당겨도 좋다. 내가 원하는 것이 이미 이루어졌을 때, 내 몸은 어떤 느낌을 갖는지 온전히 느껴보라. 호흡은 편해지는가 아니면 가빠지는가? 마음은 어떤 느낌인가? 손은? 지금 이 기분을 온전히 느껴본다. 이 느낌을 내 표정에 그대로 연결해보자. 미소를 띠거나 입을 꽉 다물 수도 있다. 반복하여 느낌과 표정을 최대한 일치시켜보자. 그래서 이 표정만 지으면 온전히 이 느낌이 다시 느껴지도록 해보자. 이렇게 우리는 생각에 느낌을 결합할 수 있다. 더 자세히 느껴보고 싶다면 NLP 강연이나 영상을 참조해보기를 권한다.

성취의 마지막 열쇠는 지속성이다. 꾸준함 속에 응답이 있다. 미립자를 움직이려면 한 번의 생각과 느낌이 아닌 지속성이 필요하다.

학위논문을 쓸 때의 일이다. 풀리지 않는 문제로 진척이 없어서 매일을 그 문제 하나만 생각하며 보내고 있었다. 그러던 어느 날 교수님이 꿈에 나타나 현실처럼 생생하게 지도를 해주셨다. 비록 꿈속에서 지도받은 내용이 문제를 해결해준 것은 아니었지만, 그즈음 문제를 해결할 수 있는 결정적인 도서를 발견하게 되었고 이후 논문은 급속히 진척되었다.

곰이 100일 동안 쑥과 마늘만 먹고 기도하여 결국 웅녀가 되었다는 고조선 건국 신화가 있다. 이는 곰을 숭배하는 부족과 호랑이를 숭배하는 부족 중에 곰 부족이 환웅과 연맹을 맺어 고조선을 세운 것을 의미한다.

태조 이성계도 조선을 건국하기 전에 전국의 여러 암자나 토굴에서 100일 기도를 했고, 《3개의 소원 100일의 기적》의 저자 이시다 히사쓰구도 같은 소원을 매일 열 번씩 100일간 노트에 적은 결과 출판 도서가 아마존 종합 1위에 올랐다. 모두 단 한 번의 생각으로 이루어진 일이 아니라 100일이라는 노력이 있었기에 가능한 일이다.

새해 첫날이 되면 많은 사람이 무언가를 간절하게 원하고는 일상으로 돌아와 잊어버린다. 그 생각과 느낌이 지속되지 않는 것이다. 이제부터는 작심 3일이라도 잠자리에 누워 내가 원하는 것이 이루어진 상태를 상상하고 그 기분을 온전히 느껴보자. 긍정적인 기대감이 생길 것이다.

맥스웰 몰츠 의사(Maxwell Maltz)는 《맥스웰 몰츠 성공의 법칙》에서 최소한 21일의 기간이 있어야 습관이 생긴다고 했다. 작심 3일을 넘기면 7일을 지속할 힘이 생기고, 그렇게 7일을 세 번만 해내면 우리 두뇌에 습관을 기억하는 세포가 생기는 것이다. 《유럽 사회심리학 저널》에 따르면 습관을 몸에 완전히 배게 하려면 66일을 더 이어 나가야 한다. 66

일 지속하면 이미 몸에 익숙해져 100일은 거뜬히 채울 수 있을 만큼의 의욕이 생긴다.

예수는 "쉬지 말고 기도하라(데살로니가전서 5:17), 기도에 항상 힘쓰며(로마서 12:12), 기도를 계속하고 기도에 감사함으로 깨어 있으라(골로새서 4:2)."라고 했다. 그만큼 '지속성'은 미립자를 움직여 꿈을 이루게 만드는 강력한 비결이다.

나도 현재 100일간의 '플래너'를 실행 중이다. 세 가지 소원을 정하여 같은 내용을 하루도 빠짐없이 블로그에 기록하고 있다. 동일한 내용을 반복하여 기록하다 보면 처음에는 막연했던 내용을 조금씩이나마 달성할 방법이 구체적으로 떠오르기 시작한다. 아침에 눈에 보이는 책의 한두 페이지라도 읽는 습관을 실행 중인데 우연히도 소원과 관련된 내용이 눈에 보이기 시작하는 것이다. 생각에 감정을 결합해 목표를 이미지로 만들고, 딱 100일만 지속해보라. 머리로 생각하는 것에 그치지 말고, 미소라도 지으며 이미 이루어진 상태를 몸을 통해 생생하게 느껴라! 그렇게 100일간 시도해보자. 의미를 찾지 못해 힘들어하는 일상의 무기력만큼은 분명 사라질 것이다.

자신을 사랑해야 타인을 사랑하는
리더십도 커진다

내가 머뭇거리면 옆 차가 밀고 들어오고, 뒤차는 경적을 눌러댄다. 끼어들고자 방향 표시등을 켜면 앞차에 바짝 붙어 틈을 주지 않는다. 운전을 할 때면 늘 반복될 수밖에 없는 긴장과 스트레스다. 여러 차선이 만나 좁아지면서 차량이 한꺼번에 몰려드는 병목 구간을 운전할 때면, 서로 살기위해 밀고 밀리는 피난길 같다는 생각을 한다. 신경이 곤두서는 나와 달리 옆자리에서 이런 나를 지켜보는 아내는 대수롭지 않게 말한다.

"그냥 양보하면 되지."

실제로 아내는 병목 구간에서 스트레스를 받지 않는다.

나만 힘들고 불편하다. 같은 장소와 상황에서, 어떤 이는 스트레스 받고, 다른 이는 편안하다면 어디서부터 이런 차이가 생기는 걸까? 세상이나 벌어진 상황은 같은데 그걸 받아들이는 사람의 성향 차이 때문은 아닌가? 결국 '다르다'는 것은 무언가를 대하는 '사람의 성향'이 다르다는 말이다. 정신분석학자인 에릭 번(Eric Bern)은 이러한 마음을 '자아 상태'라고 하며 서로의 자아가 다르기 때문이라고 말한다.

태조 이성계가 무학대사의 속마음을 보려고 "내가 보기에 대사가 꼭 돼지 같습니다."하고 말하자 대사는 "제 눈에는 왕이 꼭 부처님 같습니다."라고 말했다는 일화처럼, 돼지의 자아를 가진 눈에는 상대가 돼지로 보이고 부처의 자아를 가진 사람에게는 부처가 보이는 것이다. 병목 구간이 내 눈에는 싸움터로 보였으니, 그것은 곧 내 마음이 싸움터여서 그럴지도 모른다.

내 마음이 먼저 부처가 되어야 다른 이도 부처로 보이듯, 내가 나를 너그럽게 대하며 사랑할 수 있어야 그 눈으로 세상을 좋게 볼 수도 있는 것이다.

평화롭고 안정감 느끼는 땅에서 살기 위해서는 나부터 사랑해야 한다. 나를 어떻게 사랑해야 하는지, 자애감이라는 것이 무엇인지 잘 몰라 오제은 교수의《오제은 교수의 자기 사랑 노트》를 펼쳤다. 책은 저자 역시도 자신을 싫어했지만 지금은 좋아하게 되었다는 고백의 내용을 담고 있다.

"사춘기 이후 거의 20년 동안 아버지에 대한 미움과 분노를 품고 살아왔고, … 그러던 제가 이제는 내가 나인 것이 그냥 좋다고 말할 수 있게 되었습니다. 더 이상 나를 야단치지도, 어떤 잣대를 들이대거나 괴롭히지도 않습니다. 이제 나는 나를 진심으로 사랑합니다."

그는 자기에게 솔직하고, 어떤 잣대로도 스스로를 괴롭히지 않는 것, 그리고 나를 그냥 좋다고 여기는 것이 자신을 사랑하는 일이라고 말한다. 고로 나를 힘들게 하지 않도록 돌보며 살기, 나를 그냥 좋다고 여기기, 나를 허용하기 이세 가지가 자기를 사랑할 수 있게 실천하는 방법이다.

첫 번째 자기 사랑, 나를 힘들게 하지 않도록 돌보며 살기

친구의 어머니에게 치매가 발병했을 때 처음에는 친구의 며느리가 종일 매달려 있었다고 한다. 선한 의도로 시작한 간병은 시간이 지나면서 며느리를 지치게 했고, 결국 며느리조차 병원 신세를 지는 지경이 되었다고 한다. 며느리는 몸이 안 좋아지면서 헌신과 사랑의 마음보다 시어머니를 원망하기 시작했고, 그 원망이 남편과 가족에까지 이어지더라는 것이다.

간호사나 의사처럼 남들보다 몸에 관해 많이 알고 있어도 정작 자기 몸을 돌보지 못하는 것은 사명감 때문이 아니겠는가? 내 몸보다 나의 신념과 의지가 앞서기 때문이며, 사명감으로 자신(自身)을 나의 일과 타인에게 내주었기 때문이다. 어떻게 보면 우리 몸을 가장 혹사시키는 것은 나쁜 음식과 공기같은 외부 환경보다 나의 몸을 챙기지 못하게 하는 '선한 의지'일 수도 있다.

타인을 도우려고, 가족을 위하느라고, 조직의 성과를 내느라 일단 내 몸에게 양해를 '통보'한다. 스스로를 힘들지 않게 하려면 나의 의지나 열성보다 내 몸을 우선해야 한다. 화분이 마르기 전 제때에 물을 주어야 꽃이 피듯, 몸이 말을 듣지 않기 전에 충분한 양분과 휴식부터 주는 것이 나를 사랑하는 방법이다. 일에 지쳐 퇴근길 녹초가 된 날은 누군가 아프다는 말에 공감은커녕 "너만 아프냐? 나도 아프다!"라는 말이 불쑥 튀어나오기 십상이다. 내 몸이 상하면 마음도 쉽게 상해버리는 것이 당연하다.

그러므로 리더가 갖추어야 할 역량 중에 '자기 관리 역량'은 모든 역량의 기초다. 리더의 자기 관리는 나를 사랑하는 것에서부터 시작하며, 특히 '몸' 관리를 통해 일할 수 있는 에너지를 만들어야 한다. 나를 사랑하고 돌보는 일의 시작은 내 몸이 피로에 찌들지 않도록 유지하는 것이다. 몸이 고단한 상태에서 좋은 의사결정은 나올 수 없고, 좋은 성과도 낼 수 없다. 사람 관리, 업무 관리, 변화 관리 등 모든 역량은 리더의 체력을 통해 역력히 발휘된다.

두 번째 자기 사랑, 나를 그냥 좋다고 여기며 살기

자기 사랑을 실천하는 두 번째 원칙은 나를 인정하고 받아들이는 일이다. 우리 몸이 혹사당하는 가장 큰 원인이 몸을 일과 의지에 양보한 자신 때문이듯, 우리의 마음을 힘들게 하는 사람 또한 자신이다. 남보다 높아야 한다는 잣대를 스스로에게 들이대고, 잘난 사람들만 골라 나와 비교하면서 스스로 깎아내리고 비난하지 않았던가.

나를 사랑하고 존중하는 길은 나를 조금 더 '수용'하는 것이다. 내가 못생겨 보인다면 내가 보기에 그냥 못생긴 거다. 그냥 인정하면 그만이다.

"내가 못생겼다는 거 알아요. 그런데 이런 내가 좋은 거 있죠."

TV 예능프로그램에서 얼굴에 대해 집요하게 캐묻는 진행자에게 가수 박진영이 한 말이다. 사실과 현실은 수용하되, 자신을 그대로 사랑하는 것은 자존감 높은 사람들의 특징이다. 다른 예능프로그램에서 잘 생김의 기준으로 외모 순위를 매길 때 1등을 차지한 사람은 '누가 봐도' 잘 생긴 외모의 연예인이 아니었다. 사람들은 그가 가진 선한 이미지를 택했다. 스스로에게도 마찬가지다. 내가 나를 위해 호감 버튼을 누르면 그만인 것이다.

세 번째 자기 사랑, 나를 더 '허용'하기

나를 허용한다는 것은 내가 하고 싶은 것을 하도록 놓아주는 것이다. 지금까지 나를 억압하고 있었다면 나에게 좀 더 너그러운 자유를 허용하자. 조금 이기적이어도 괜찮다. 나를 위한 보상을 하고 좀 더 적극적인 방법으로 나에게 감사를 표하자. 스스로 아끼고 챙겨주는 행위로 인해, 내가 나를 더 좋아하게 만드는 것이다. 나를 이렇게 사랑할 줄 알면 남을 사랑하는 능력도 함께 커지는 이유가 있다. 타인을 사랑하는 방법도 나를 사랑하는 방법과 똑같기 때문이다.

"직원(타인)을 혹사시키지 말고 자신의 에너지 돌보기."

"직원도 있는 그대로 보고 확증 편향, 왜곡 줄이기."

"조금 더 허용하기."

역설이 주는 지혜:
미소를 머금고 감사하지 않기

한여름에 이불 덮고 에어컨을 틀고 있는 모습을 상상해보자. 조금 어리석거나 비합리적인 느낌이 든다. 하지만 한번 그렇게 해보면 에어컨을 시원하게 틀고 이불을 포근히 덮고 잠드는 것이 얼마나 상쾌한 일인지 금방 알게 될 것이다. 이처럼 지금까지 당연하다 여겼던 생각과 익숙한 행동에 길든 방식을 뒤집어 보거나 반대로 해보면 그 속에는 더잘 살게 만들고 행복하게 해주는 역설의 지혜가 있다.

오랫동안 나는 '빈맥'이라는 심장질환을 앓고 있었다. 빈맥 증상이 나타나면 갑자기 맥박이 심하게 뛰고 호흡 곤란을 겪게 된다. 강의 중에도 빈맥 증상은 돌연 나타났고, 그럴 때면 많은 사람이 보는 가운데 식은땀을 줄줄 흘려야 했다. 그날 이후 또다시 예기치 못한 일 때문에 많은 이들 앞에서 당황한 모습을 보일까 염려하여 강의 중에도 시종 불안함을 느껴야 했다. 한 달에 한두 번 발생할까 말까 하는 일이지만 그런 내 모습을 누군가에게 들키고 싶지 않아 강의뿐 아니라 동료들과의 등산도 꺼리곤 했다.

그런데 들키지 않고 불안해지지 않으려 할수록 불안은 점점 더 내 삶을 제한해 왔다. 불안함을 감추기 위해 애쓸수록 생활이 불편해지던 나는 역설이 주는 지혜를 통해 만성적인 문제에서 한번에 벗어날 수 있었다. 그동안 빈맥을 감추고 들키지 말자는 익숙한 생각에 역설의 펀치를 한 방 먹인 뒤 얻은 승리였다.

'내 증상을 감추지 말고 인정해버리자! 내가 먼저 사람들에게 알리면 뭐가 어때서?'이렇게 뒤집어 생각한 뒤로는 강의를 하거나 친구들과 만날 때 오는 불안과 초조가 감쪽같이 사라졌다. 불안함이 떠나간 그 자리에는 편안함과 당당함만이 남게 되었다. "저는 가끔 심장이 빨리 뛰는 증상이 있지만 그게 자기를 알아달라는 신호를 보내면 호흡을 깊게 들이쉽니다. 그러면 금방 좋아지더라고요."라고 여유 있게 말하게 되었다. 내 몸에 나타난 증상에게 싫다는 감정을 보내지 않고, 무작정 싫어하던 마음을 긍정의 감정으로 바구는 것이 더 효과적임을 알게 되었다. 부정적인 감정은 부정적인 상황을 더 끌어당기고, 긍정의 감정은 긍정의 감정을 더 끌어들이기 마련이다. 한발 더 나아가 동료들에게 내 증상을 알리다 보니 친구 중에도 나와 같은 증상을 가진 사람이 있다는 걸 알게 되었다. 게다가 간단한 시술이면 약을 먹지 않아도 된다는 정보까지 얻게 되었다. 빈맥은 완치되었고, 건강한 사람들이 너무 당연해서 의식하지 못하는 '숨 쉬는 일'이 얼마나 소중하고 감사한 것이었는지를 깨닫는 보너스도 얻었다.

알고 보면 우리 뇌는 생각보다 맹한 구석이 있어서 청개구리처럼 생각해보는 방법이 먹힐 때가 많고 실제로 유용하기도 하다. '하지 말자! 혹은 싫어!'라고 생각하면 청개구리처럼 부정적 에너지를 더 끌어당겨 '싫은 것이 더 자주 보이는' 일이 흔하다.

"내일은 꼴 보기 싫은 사람과 감정 상하는 일이 없도록 하자."라고 결심한 다음 날 직장에 가면 꼴 보기 싫은 사람의 행동이 오히려 눈에 더 거슬리고, 그것 때문에 더 불쾌한 감정 상태가 되어 관계가 더 꼬이지 않던가? 우리는 흔히 과거의 실패에서 교훈을 얻지만 얻어진 교훈보다 실패의 기억이 더 많다면 내 안의 청개구리에게 면담을 신청해야 한다. 과거의 실패 요인을 찾고자 그것에만 빠져 분석하는 것은 오히려 그때 감정과의 연결을 더욱 견고하게 만들어 이성적 판단을 흩트릴 수 있다. 차라리 그 문제와 전혀 상관없는 곳에서 경험했던 성취의 감정을 자주 만나라. 일터가 아닌 아이들의 웃는 사진일 수도 있고 여행지에서 구입한 기념품도 좋다. 긍정적 감정을 불러일으키는 나만의 것이 무엇인지가 중요하다. 그것이 주는 에너지를 가지고 멀리 떨어져서 실패의 상황이나 사람을 바라보라. 몰랐던 지혜와 만나게 될 것이다.

'해야 한다'라는 생각 때문에 오히려 '하지 못하게 되는' 일도 있다. 긍정의 기대와 바람이 우리를 더 힘들게 하거나 문제 해결의 기미를 주지 않을 때는 청개구리처럼 반대로 생각해보자. 더 행복해지기, 돈을 더 많이 벌기, 좋은 부모 혹은 리더 되기, 인정받기, 화목한 가족, 건강한 몸 만들기와 같이 우리가 원하는 기대치보다 못해서 자존감이 더 낮아지고 덜 행복하다고 느껴질 때는 역설의 지혜가 필요하다.

가족의 행복과 삶의 자유를 위해 돈을 벌기는 하지만, 돈을 벌기 위해 가족과 떨어져 행복을 잃어 버리는 상황이라면 행복하지 않는 법, 못 사는 방법, 나쁜 부모, 나쁜 리더가 되는 법, 사람들이 나를 싫어하게 만드는 방법을 리스트로 적어보자. 역설적으로 그렇게 생각해보라. 우리에게는 그렇게 해서 얻을 수 있는 교훈도 필요하다.

- 다 내가 잘나서 좋은 일이 생기는 것이니 절대 감사하다고 하지 않기
- 눈 감고 앉아 있으면 세상이 변하냐? 명상이나 일기 따위는 절대 쓰지 않고 살기
- 내일의 행복을 위해 지금 안 먹고 안 쓰고 인내와 끈기로 버티며 나이 들어가기
- "덕분입니다."라는 말 대신 "때문이야."를 입에 달고 살기
- 애들에게 용돈 줄 때마다 "너희들 때문에 내가 등골이 휜다."라고 말하면서 주기
- 내 능력을 남과 비교하고 과시하며, 자랑과 가득찬 우월감으로 사람 대하기
- 다른 사람이 나를 어떻게 생각하는지 계속 확인받고 사랑받으려고 애쓰며 살기
- 힘들게 한 모든 사람을 절대 용서하지 않고 수시로 원망하며 복수할 방법 찾기
- 남들이 원하는 기대와 가치로 살며 좋은 말만 듣기 위해 애쓰기
- 경험하거나 배우는 일에 돈이나 시간 쓰지 않기
- 내 경험과 지식은 값지고 소중한 것이니 절대 남에게 알

리거나 보여주지 말기

- 아픔, 약점, 상처는 가슴속에 묻어두고 절대 드러내지 않고 문제없는 사람처럼 살기
- 듣기 싫은 피드백 따위는 사양, "너나 잘 하세요."를 입에 달고 살기

잠을 줄여 더 일하고 부지런히 살아야 성공이 따른다고 생각했다면, 역설적으로 잠을 더 자고, 명상하고, 여유 있는 산책이나 운동을 해보자. 쉬는 시간을 아껴가며 일에 집중하여 성과를 내고 싶다면 차라리 책상이나 일터에서 벗어나 보자. 말과 생각만 너무 남발하였다면 오늘부터 당장 정반대의 방식으로 행동해 보라.

"나는 되는 일이 하나도 없어, 매일 늙어가는 몸은 손 쓸 방법이 없네."와 같이 적어두고 아침저녁으로 소리 내어 말하고 상상하며 21일 동안 살아보는 것이다. 말한 대로 되는 일이 없다면 내가 말한 대로 되어가고 있는 것을 검증한 것과 다름이 없는 것 아닌가?

더운 여름에 왜 탕(湯)이라고 불리는 뜨거운 국물의 음식을 먹을까? 게다가 뜨거운 국물을 들이켜면서 왜 시원하다고 말할까? 어쩌면 조상들은 이미 역설의 지혜를 삶에 적용하며 살았던 것일지도 모른다. 더운 날에는 오히려 열로 더

위를 이기는 '이열치열(以熱治熱)'의 지혜가 있고, 내가 스스로 틀에 갇혀 있을 때 상대방의 자리에서 나를 바라보며 살펴보는 '역지사지(易地思之)'와 시련에 있어서는 '새옹지마(塞翁之馬)'의 지혜가 있다.

리더가 염려되는 일에 갇혀 부정적 감정 안에 있다면 긍정적 환경을 만들어 긍정의 감정으로 그 일을 바라보고, 긍정적인 기대와 감정만큼의 성과가 없어 실망하고 있다면 오히려 약점과 부끄러움에 직면해야 문제 해결의 단서를 얻게 된다. 리더에게는 당연하고 익숙한 것부터 거꾸로 바라보는 역설의 시간이 필요하다.

속도를 늦출 때
빨라지는 업무력의 비밀

저녁이 있는 삶을 갖기 위한 주 52시간 근로가 법으로 제정되었음에도 퇴근을 미루고 스스로 업무를 연장하는 사람들이 있다. 몸과 마음을 돌볼 시간도 없고 가족관계까지 조금씩 망가져 가지만 나만 뒤처지는 것이 아닌가 하는 불안과 초조함으로 더 열성적으로 일에 매달린다. 이렇듯 일이 삶의 주인이 된 경우를 일 중독자(workaholic)라 부른다. 잡코리아의 조사 결과 한국 직장인 51%가 스스로 일 중독자라고 응답했다. 결국 직장인의 절반은 더 오래 더 열심히 달리는 것이 업무력의 비결이라고 생각하거나 일을 늦게까지 해야 오히려 편안함을 느낀다는 것이다.

롭 무어도 지독한 일 중독자였다. 그는 성실함을 무기로 열심히 일한 결과 좋은 평가와 더 많은 일을 얻었지만, 해야 할 일이 주어진 시간보다 많아진 순간부터 제대로 하는 일이 없는 사람으로 평가가 바뀌고 망가진 삶을 살았다. 그랬던 그가 영국 최연소 백만장자가 된 비결을 그의 저서 《레버리지》에 담았다. 그는 "얼마나 많은 일을 더 할까가 아니라 무엇을 하지 않을지를 찾아 과감히 미루고 포기하여, 남은 20%의 일에 80%의 시간을 집중하는 것."을 성공적인 업무력의 비결로 들었다. 모든 일에 열심히 노력하며 살면 만사가 해결될 거라는 생각은 착각이며, 시간을 줄이고 아끼며 최선을 다해도 내가 해낼 수 있는 일은 한계가 있음을 깨달으라는 의미다. 오히려 하지 않아야 될 일을 찾아 과감히 포기하고 중요한 것에 집중하는 것이 업무력의 핵심인 것이다.

하던 일을 과감히 포기하고 1년여 시간을 세계여행 중인 가족이 〈SBS 현장 21〉에 방영되었다. 여행을 위해 아이는 중학교 입학을 1년 미루고, 엄마는 다니던 직장에서 휴직 중이다. 아빠(44세)는 비록 한국에서 1년이란 시간이 늦어졌지만 어떻게 사는 게 행복하게 사는 것인지에 집중하며 마냐냐(Manana)를 실행하고 있었다. 스페인어로 마냐냐

(Manana)는 '내일' 또는 '나중에'를 뜻하는 말로, 쉬어야 할 때 쉴 줄 아는 '휴식 능력'을 뜻한다. 휴식도 엄연한 능력으로써 과도한 피로감 등 신체적, 정신적 신호가 왔을 때 적절하게 휴식을 취하는 중요한 자기 관리 영역이다.

삼성경제연구소의 〈직장인의 행복에 관한 연구〉에 따르면 직장인 스트레스 원인의 1위는 과도한 업무량이었고, 그로 인한 에너지 수준은 44점으로 행복을 저해하는 심각한 수치였다. 그 결과 연구소는 직장인의 행복 증진 방안으로 '에너지 충전'을 들었다. 삶에서 가장 중요한 것은 에너지임을 강조하는 톰 래스(Tom Rath)는 《당신은 완전히 충전됐습니까?》에서 업무력을 발휘하려면 하루하루 적절한 에너지로 자기를 충전시켜야 하며, 무엇보다 먼저 몸부터 챙기라고 권한다. 먹는 것, 움직이는 것, 잠자는 것. 이 세 가지 중 하나만 잘못되어도 다른 모든 게 엉망이 된다는 주장이다.

리더의 업무력은 결코 쉬지 않고 일하는 업무나 처리 속도에 있지 않다. 중요한 것에 시간을 집중하여 사용하는 데 있다. 결국 업무력은 속도가 아닌 방향이며, 시간 가는 줄 모르게 즐거운 상태에서 일하는 업무 몰입도에서 나온다. 업무 몰입은 일 중독과 달리 몸과 마음의 에너지를 소진하지 않으면서 일이 개인적인 삶과 조화를 이루게 한다.

야망 있는 리더가 뜻을 펼치지 못하고 스스로 무너지는

것을 본 적 있을 것이다. 의지와 욕심이 과해 체력이 버티지 못한 경우이거나 개인의 삶에서 균형을 잃은 경우가 대부분이다. 그의 발목을 잡은 복병은 외부가 아니라 대부분 자기 관리의 문제라고 볼 수 있다.

최적화된 에너지로
업무력을 높이는 세 가지 습관

첫째, 에너지를 충전하는 수면 습관.

삼성경제연구소의 연구 결과에서 직장인의 수면 시간을 조사해보니, 잠자는 시간이 5~6시간이라는 것에 가장 많은 응답이 있었으며 이는 평균적으로 볼 때 6시간이란 소리였다. 더불어 수면 시간이 5시간 미만이라고 응답한 사람의 행복도가 가장 낮았다. 잠을 한 시간 덜 자면 그만큼 삶의 충만함과 생산성, 건강, 그리고 사고 능력까지 줄어드는 것이다. 에릭슨의 연구에 의하면, 엘리트들은 하루 평균 8시간 36분을 자지만 일반적인 미국인은 6시간 51분밖에 못 잔다고 한다. 우리는 거기에서도 한 시간을 덜 자고 있으니 한 시간만큼 덜 명료하고, 한 시간만큼 덜 충전된 상태로 일하는 것이다. 더 이상 잠을 줄여 무언가를 더 하겠다는 뻔

한 생각은 버릴 필요가 있다. 일하는 절대 시간이 부족할 것이라는 생각이 들겠지만 잠자며 에너지 충전하는 절대 시간을 양보하면 내 삶의 질과 생산성 그리고 건강을 미루게 된다. 일을 더 할 궁리보다 수면 시간을 더 늘리거나 숙면할 궁리부터 하자.

둘째, 에너지를 유지하는 활동 습관.

연구에 따르면 두 시간을 내리 자리에 앉아 있으면 20분간 운동한 효과가 사라진다고 한다. 두 시간 이상 오래 앉아 있는 것이 에너지를 빠져나가게 한다는 것을 이해하기 힘들다면 장거리를 같은 자세로 꼼짝 없이 가야 하는 상황을 떠올려보자. 기내의 좁은 좌석에 앉아 2시간 이상 이동해야 하는 경우 우리는 자리에서 일어나 잠시 움직이거나 스트레칭이라도 하고 싶어 한다. 사무실에서도 마찬가지다. 특히 정신적인 일을 할 때는 잠시 걷거나 스트레칭 활동이 생각을 더 명료하게 해주며 창의성을 높게 한다는 연구 결과도 있다. 나의 경우 몰입할 때를 제외하고는 장소를 바꾸거나 앉은 자세를 바꾸어 높은 책상에서 서서 작업할 때 효율성이 높아진다.

셋째, 에너지를 충전하는 식습관.

하버드대학교의 연구에서 10만 명 이상을 20년간 추적 관찰한 결과 먹는 양보다 질이 중요하다는 사실을 밝혀냈다. 많이 먹어서 에너지를 충전하는 것이 아니라 좋은 음식으로 에너지를 충전하는 것이다. 먹는 것으로 에너지를 충전하는 핵심은 다이어트 대신 매일매일 더 나은 식사를 의미한다. 튀기거나 탄산음료와 같은 음식을 조금씩 줄이고 채소나 과일을 섭취해가는 습관을 갖는 것이다. 사람은 과일이나 채소를 많이 먹게 된 날 상대적으로 더 차분하고 행복해하고 에너지도 넘친다는 연구 결과가 있다.

식습관 변화에 우리 몸이 반응하는 데는 1년 이상 걸린다고 한다. 먼저 한 달 정도 내가 무엇을 먹고 있는지 적어보거나 사진으로 남겨서 확인해보는 시간을 가져보기를 권한다. 나의 경우 식사 내용을 사진으로 찍어 두었고 그것을 전문가에게 보여주었다. 사진 기록을 통해 내가 탄수화물을 얼마나 많이 먹고, 음식을 짜게 먹는지 분명하게 알 수 있었고, 이후 식단을 바꾸는 데 많은 도움이 되었다.

내 시간을 줄여가며 업무 시간을 늘려왔는가? 에너지의 대부분을 한자리에 앉아 일하는 데 쏟았는가? 그리고 당이 떨어졌다는 말과 함께 탄산음료를 마시거나 많이 먹어야 에너지가 충전된다는 생각으로 일 해왔는가? 그렇다면 잠시 속도를 늦추어 내 몸의 에너지 충전방식을 바꾸고 가자. 한 시간 더 자고, 틈틈이 더 움직이고, 좋은 음식을 선택해 먹으면서 일하라. 행복이나 업무력은 절대 빠르게 가는 것에 있지 않았다. 힘을 보충하고, 그 힘으로 몰입하는 것에 있다.

나만 이렇게 뒤처져 사는 것이 아닌가 하는 조급함으로 피로가 누적되고 있다면, 당신은 서서히 소진되고 있다는 것이다. 업무력은 속도가 아닌 방향이다. 눈앞에 놓인 일로 쉬지 않고 뛰어가는 리더보다 꾸준히 걸어가는 리더가 결국 무엇이든 해낸다.

밀려오는 나쁜 감정을
1분 만에 털어내는 법

중학생 때 우연히 관상에 관한 책을 읽었다. 서점이 아닌 노점상 바닥에 펼쳐 놓은 책을 호기심에 사본 것이었는데, 사람의 얼굴 그림이 있고 눈, 코, 입, 이마, 턱 등 그 모양에 따라 사람의 성격이나 재물 운을 기술해 놓은, 재미가 쏠쏠한 책이었다. 책에는 손금 보는 방법도 있었는데, 나의 '생명선'을 보고는 오래 살 수 있겠다는 생각해 흐뭇해졌다. 그런데 '감정선'에 대한 설명에 이르러 덜컥 겁이 났다. 내 손금과 비슷하게 생긴 그림에는 "감정을 이기지 못하면 힘든 일을 겪게 된다."라는 풀이가 적혀있었다. 단순히 '힘든 일'이라고 쓰여 있었지만 내가 감정을 못 이겨서 누군가를 다치게 하거나 혹은 죽음과 같은 불행을 겪게 할까 두려웠다. 마침 질풍노도의 중학생 시기에 기막히게 들어맞는 예언이자 경고라고 생각했다.

내 감정을 다스리지 못하면 큰일 난다고 했으니 나는 기분 상하는 일이 생길 때면 스스로 감정을 억누르려고 애썼다. 그런데 감정이란 놈은 억누르고 참다가 한계를 넘어 터질 때 아주 크게 폭발하게 마련이다. 내 안에 숨어 있던 헐크가 "지금까지 참고 있던 나를 건드렸어? 어디 한번 무서운 맛 좀 보여줘?"하는 것 같았다. 감정이 터지면 평소보다 힘이 세졌고, 어떤 놈도 무섭지 않았다. 때마침 계속 약 올리며 괴롭히던 녀석을 향해 책상을 밟으며 뛰어가 분노의 주먹을 날렸다. 시원했다. 결국 그애한테 더 많이 맞았지만, 겁이 없어진 스스로가 대견했다. 폭발하는 감정이 내가 표현할 수 있는 가장 강하고 대단한 나라는 걸 그렇게 알기 시작했다. 하지만 감정이란 것에는 나보다 센 사람에게 저항하는 힘만 담겨 있지 않았다. 막연한 불안감이나 열등감처럼 어깨를 축 늘어지게 하는 나쁜 감정도 들어있었다. 나에게 나쁜 감정은 내가 다스릴 수 없는 어렵고 불안한 대상이었다. 성인이 되어 가슴 뛰는 삶을 살고자 했지만 밀려오는 감정에 휘둘려 '심장만' 빨리 뛰는 삶을 살고 있었지 않은가.

나쁜 경험과 감정으로 힘들 때, 살기 위해 상담공부를 시작하면서 감정에 대해 점차 이해하게 되었다. 두뇌와 언어에 관한 공부로 임상 연구를 경험하면서 감정이 일상과 일터에서 얼마나 중요한지 지켜봤다. 사람들은 대부분 이미 일어난 사건보다 주관적 해석과 감정의 찌꺼기로 더 힘들어한다. 그러면서도 감정을 억누르는 것을 감정 관리로 잘못 이해하고 있다. 감정은 진행 속도에 따라 급속히 진행되는 감정과 서서히 진행되는 감정이 있다.

첫째, 급속히 진행되는 감정.
사실 가슴 뛰는 삶은 표현만큼 멋진 삶만 있지 않다. 가슴 뛴다는 것은 심장이 빨리 뛴다는 이야기인데, 심장은 벅차고 좋은 감정일 때 빠르게 뛰기도 하지만 나쁜 일을 겪는 상태에서도 빨리 뛰기 때문이다. 심장이 빨리 뛴다는 것은 교감신경이 활성화되어 흥분하거나 긴장된 상태가 된 것이며 이것은 자동화된 시스템이다. 자동차에 비유하면 액셀러레이터를 밟아 엔진이 매우 빠르게 움직이며 어디론가 달려가는 것이다. 이렇게 빠른 속도로 운전 중일 때는 매우 신나고 흥분되어 합리적 의사결정을 못하게 되거나, 반대로 신경이 곤두서서 민감하게 반응하기 쉽다. 혈압은 오르고 근육은 경직된다. 목소리는 나도 모르게 커져 환호하거나 거친 언어가 나온다. 내 마음속 헐크가 등장하기 쉬운 조건이다. 하지만 이 과격한 감정이 사라지고 나면, 들뜬 상태에서 내린 의사결정을 후회하거나 누군가에게 미안해하고 자책하는 일이 남아 에너지를 낭비하게 된다.

감정에 관한 연구들과 개인적 경험에 반추해 보면, 리더가 이렇게 심장박동이 빨라진 상태라면 좋은 의사결정을 내릴 수 없다. 누군가와 대화로 문제를 풀어보겠다고 애쓰는 일도 헛된 일이다. 심장박동이 빨라지면 우리의 뇌는 이성적으로 판단하는 회로가 자동으로 차단되기 때문이다. 결국 리더는 나쁜 감정뿐 아니라 기분이 좋아 흥분한 상태 모두를 경계해야 한다. 가장 먼저 해야 할 일은 달려가는 차를 세우는 것이다. 브레이크를 밟고 잠시 차에서 내려라. 브레이크를 밟는 것은 심장박동부터 느리게 하는 응급 조치다. 차를 세워두고 잠시 밖으로 나가라. 그러면 심장 박동은 서서히 느려질 것이다. 심장박동이 느려지면 그제야 우리의 뇌는 이성적인 인간의 뇌로 돌아오고 합리적인 리더십을 발휘할 수 있게 된다.

만약 자리를 뜰 수 없는 회의나 면담 자리라면, 대화를 잠시 멈추고 심호흡하라. 심호흡은 부교감 신경을 활성화해 심장이 서서히 뛰도록 만든다. 부교감신경은 자동차의 브레이크라고 생각하면 쉽다. 사우나에서 따뜻한 물에 몸을 담그면 저절로 깊은 숨을 내뱉게 되지 않던가? 심호흡을 하면 우리는 사우나에서처럼 이완되어 심리적인 안정을 되찾게 된다. 이때는 최소 1분 이상의 심호흡이 필요하다. 그리고 다시 대화를 이어간다면 감정이 절제된 상태로 본래의 합리적 리더십을 보여줄 수 있다.

둘째, 서서히 진행되는 감정.

리더와 구성원을 힘들게 하는 감정에는 화, 분노, 복수심과 같이 급격히 진행되는 나쁜 감정말고 서서히 진행되는 나쁜 감정도 있다. 화나고 분노하는 일보다 더 오랫동안, 더 집요하게 에너지를 빼앗아 가는 감정은 심장이 뛰는 것조차 관심 없게 만드는 무기력함 혹은 우울, 근심, 두려움과 같은 것들이다.

리더십 과정에 참가한 사람들에게 지난 일주일 동안의 경험을 회상하게 했다. 그리고 경험과 연관된 감정 단어를 적어보도록 했다. 그 결과를 분류해보면 직장인 대부분은 부정적 감정의 빈도가 더 높게 나타났다. 부정적 감정을 다시 분류해보면 급격하게 진행되어 흥분하고 몸을 경직되게 만드는 감정보다, 서서히 에너지를 방전시키면서 몸을 축 처지게 만드는 감정의 빈도가 더 높았다. 서서히 에너지를 소모하는 감정에는 우울, 근심, 수치심, 외로움, 슬픔, 초조함, 공허함, 답답함과 같은 것들이 해당하는데 이러한 감정들은 우리가 가진 에너지를 방전시키기도 하지만 집요한 감정의 찌꺼기를 남긴다는 것이 문제다.

긍정적인 감정과 부정적 감정 모두를 있는 그대로 느끼는 것은 건강하고 자연스러운 일이다. 그러므로 리더는 직원의 부정적인 감정 표현을 차단하거나, "괜찮아. 별것도 아니야."라고 외면해서는 안 된다. 누르고 외면한다고 해서 나쁜 감정이 좋아지기는 힘들다. 억제하려 할수록 오랫동안 숨어 지낼 뿐이다. 이런 감정일수록 들여다 봐주고, 더 이해해줄 필요가 있다. 나쁜 감정이 올라오면 참지만 말고 밖으로 내보내거나 누군가에게 말하거나 관리해야 한다. 이에 효과적인 비우고, 바꾸고, 만나는 세 가지 방법을 소개한다.

- 비우기(부정적인 경험과 감정을 밖으로 드러내고, 즐거운 대화를 채워라)

대나무 숲에서 "임금님 귀는 당나귀 귀."라고 털어놓고 속이 시원해졌다는 우화처럼 어떤 일이 있었는지 누군가에게 말할 기회를 만들어라. 내 마음을 알아주며 공감하는 친구도 좋지만 단지 이야기를 충분히 들어주는 사람이어도 된다. 감정을 표현하다 보면 어느덧 속이 비워지고 풀리면서 나쁜 감정에서 회복됨을 느낄 수 있다. 나쁜 감정은 그렇게 비워 버리고 대신 그 자리에 좋은 에너지를 채우는 것이 현명하다. 좋은 에너지를 채우는 방법은 간단하다. 갖고 싶은 것, 하고 싶은 것, 되고 싶은 것으로 대화 주제를 옮기면 된다.

- 바꾸기(눈에 보이는 장소를 바꿔라)

앞의 경우와 달리 누구를 만나서도 이야기할 기분이 아닐 수 있다. 혼자 마음을 정리하고 싶다면 그 자리에서 누워 있거나 쪼그리고 앉아 있지 말고 일단 일어나서 밖으로 나가라. 지금의 자리나 장소에서 벗어나 보자. 사람은 다른 환경에 놓이게 되면 어느새 달라진 환경에 따라 생각과 행동이 달라지면서 감정 또한 바뀐 생각과 행동에 바로 적응한다. 조용히 걸을 수 있는 숲길은 생각을 정리하는 데 좋고 북적이는 시장은 나쁜 감정을 놓쳐버리는 데 좋다. 환경이 바뀌면 보는 것이 바뀌고 마음도 바뀐다. 때로 전혀 다른 차원에서 해안이 떠오르기도 한다.

- 만나기(나와 직면하라)

이 방법은 도망가거나 잠시 회피하는 것이 아니라 용기 있게 나와 마주하는 것이다. 지금의 감정이 어떤 생각에서 온 것인지 찾아보라. 나의 주관적 판단이 어디서 기인했는지 좀 더 알아볼 필요가 있다. 나의 내면을 만나서 솔직하고 깊은 대화를 나눠라. 스스로를 만나는 좋은 방법은 글쓰기와 명상이다. 이 중 하나만 해도 좋다. 명상을 통해 몸이 이완된 상태가 되면 뇌가 생존 모드에서 벗어나게 된다. 나를 지키려고 긴장하고 방어하며 닫아둔 나의 내면과 만나기 쉬워진다. 사람은 누구나 긍정적인 의도가 있다. 그러므로 내가 어떤 의도가 있어서 부정적인 생각을 하게 되었는지 찾아봐야 한다. 그 생각이나 감정은 모두 나를 위하며 보호하려고 그런 것일 테니 그 생각과 감정을 인정해주고 감사히 여겨본다. 이렇게 긍정적인 의도와 감정에 고마워하며 정화한다. 그리고 진짜 내가 원하는 상태가 이루어졌다고 상상하며 이미지로 떠올려보고 느껴본다. 끝으로 어떤 교훈이나 피드백을 요청한다. 만약 영감을 얻을 수 있다면 그것은 당신이 믿고 있는 무언가가 주신 선물과 같다.

글을 쓸 때는 있었던 사실과 자의적 해석을 분리해서 적어보라. "나를 골탕 먹이려고 하는군."은 자의적 해석이고 "나에게 의견을 물어보지 않았다."라고 적는 것은 가시적인 사실이다. 그렇게 사실과 해석을 구분하여 써보면 저절로 생각에 변화가 생기고, 자연스럽게 내면의 느낌이나 감정도 바뀐다. 자기와 대면하는 사람은 반드시 강한 사람으

로 성장한다. 그래서 내면이 강한 리더들은 하나같이 일기
를 쓰거나 글 쓰는 습관을 지녔다.

중얼거리기의
힘

살면서 고민을 가장 많이 나누는 상대는 누굴까? 어릴 때는 부모님이겠지만 중고등학생의 경우, 일단 부모님도 선생님도 아니다. 사랑에 빠지는 순간 부모는 대화의 우선순위에서 밀려나는 대상이 된다.

나와 가장 많은 대화를 나누는 대상은 사실 자신이다. 의식하지 못할 수도 있지만 사람은 누구나 내면의 자기와 대화를 나눈다. 그 대화는 대부분 중얼거리거나 부지불식간에 순간적으로 지나간다. 이를 '내면의 대화' 또는 '자기 대화(Self talk)'라고 한다. 자기 대화는 작은 성공에도 환호하며 진심으로 기뻐해주기도 하지만 작은 실수라도 하는 날에는 돌변하여 잘못을 캐묻거나 집요하게 따지기를 반복하며 늘 자신과 함께한다.

자기에 대한 개념이 만들어지는 어린 시절에는 부모나 선생님 등 주변 사람에게 자주 듣는 언어가 자아에 영향을 미치곤 하지만, 자아상이 형성된 후에 가장 많은 영향을 끼치는 언어는 바로 내면의 언어다. 직장으로 따지자면 리더의 언어가 나에게 영향을 주는 '외부 언어'이며, 그것을 해석하며 나누는 언어는 '내면의 언어'다.

초등학교 1학년에 들어섰고 받아쓰기 시험을 보았다. 선생님은 내 이마에 커다란 동그라미 하나 그려서 영점 맞은 아이라는 표시를 했다. 나는 그것이 부끄러운 일임을 전혀 몰랐기에 이마에 동그라미가 그려진 채로 집에 갔다. 손주의 이마에 영점 표시가 그려진 것을 본 할머니는 다음 날 그 선생님을 찾아가셨다. 받아쓰기를 못 해서 동그라미가 그려진 나와 내 이마는 멀쩡한데, 오히려 할머니와 어머니는 멀쩡하지 않으셨던 것이다. 나의 관심은 노는 것에만 있었고, 할머니와 어머니의 관심은 영점을 받은 받아쓰기에 있었다.

어머니는 나를 불러 놓고 어디서 누구에게 듣고 오셨는지는 알 수 없지만 "너는 이담에 공부를 많이 하는 박사가 된단다."라고 위로의 말씀을 전하셨다. 박사가 무엇인지 잘 모르겠지만 당시의 엄마가 원하시던 것임은 알았다. 지금의 내가 당시의 이야기를 꺼내면 어머니는 전혀 모르는 이야기라고 하신다. 단지 나 혼자만 어머니가 하신 '박사'라는 말을 낚아채 중얼거리며 내 것으로 만들었던 것이다.

자아상은 나와의 반복적인 대화를 통해 굳어진다. 실체와는 상관없이 부정 혹은 긍정으로 중얼거리는 내면의 대화가 나를 만들어 간다. 만약 의욕이 없고 힘든 일이 반복되고 있다면, 한 번쯤 내가 비난과 질책으로 가득한 언어를 사용해 나와 대화하고 있는 것은 아닌지 돌아봐야 한다. 내 작은 실수에도 잘못을 따지며 못살게 구는 사람이 매시간 내 옆에 붙어 있는 것과 다름없다. 다행인 것은 큰 실수에도 따뜻하게 안아주는 가장 든든한 친구 또한 내면의 대화라는 것이다. 그러니 무작정 멀리할 일이 아니라 오히려 가까이 두고 유용한 도움을 받으면 된다. 요는 두 가지 내면의 대화 중에 누구와 더 친밀하게 지내느냐에 달렸다. 누구와 더 많은 대화를 나누느냐에 따라 삶의 질이 달라진다.

신념 - 자기 대화 - 감정과 행동의 연결고리

일본 비즈니스 코칭의 1인자로 불리는 스즈키 요시유키
는 《자기대화력》에서 자기와의 대화(self talk)가 사람의 감
정과 행동을 좌우한다는 것을 알아내고, 자신과의 대화를
선택하고 관리는 방법을 찾아냈다. 내면의 대화는 상당히
빠른 속도로 만들어지고 지나 가버려 모를 수도 있지만 조
금만 의식적으로 살펴보면 자기 대화 내용이 어떤지 알 수
있다. 자기 대화의 전후 과정은 다음과 같다.

① **나의 신념**이 있음(나만의 판단 기준)

↓

② 어떤 **자극**을 받음(타인이나 환경으로부터)

↓

③ **자기 대화**(Self talk)를 하게 됨

↓

④ 이에 따라 **반응**하게 됨(감정이 생기고 행동함)

정리하면, 자극과 반응 사이에 자기 대화가 있으며, 자기
대화를 어떻게 하느냐가 감정과 행동에 영향을 준다. 겉으

로는 "나는 점점 부자가 되고 있다, 나는 100억을 가진 부자다."라고 소리 내어 말해도 느낌으로 와 닿지 않고 선뜻 행동으로 옮기기 어려운 이유는 바로 자기 대화가 부정적이기 때문이다.

자기 대화가 어떻게 진행되어 내 감정과 행동에 부정적 영향을 미치는지 살펴보자. 〈사례〉 강의를 마치면 강의 결과를 확인하기 위해 설문을 살펴본다. 대다수가 긍정적인 반응으로 응답했어도, 한두 사람의 글에 휘둘려 의기소침한 적이 있는데 이 경험을 마치 느린 화면처럼 천천히 돌려보면 다음과 같은 순서다.

① **나의 신념**(강의 결과가 좋아야 해)

↓

② **자극**('재미없다'라고 쓰인 설문지)

↓

③ **자기 대화**(내 강의가 형편없었단 말이네,
이 사람 때문에 다음에 초청 받지 못하면 어쩌지?
큰일이네)

↓

④ **반응**(의기소침하고 자존감이 떨어짐)

언어가 바뀌면 감정과 행동이 바뀐다. 뇌 과학 분야에서는 전두엽이 언어와 감정을 관장하는 부위라고 한다. 언어와 감정을 뇌의 같은 부위가 관장하다 보니 언어가 바뀌면 감정도 달라진다는 것이다. 감정을 언어로 정확히 표현하기는 모호하지만 그와 달리 자기 대화는 분명한 언어이므로 이를 글로 써보거나 말로 표현하여 관리할 수 있다. 스즈키 요시유키는 이러한 자기 대화야 말로 내가 나를 조절하고 통제할 수 있는 최고의 도구라고 말한다. 앞에서 본 자기 대화를 글로 씀으로써 긍정의 언어로 바꿔보자.

① **나의 신념**(강의 결과가 좋아야 해)

↓

② **자극**('재미없다'라고 쓰인 설문지)

↓

③ **자기 대화**(내 강의 어딘가에 마음에 들지
않은 부분이 있네, 덕분에 내가 놓친 것을
더 보완할 수 있겠어)

↓

④ **반응**('좀 더 구체적으로 써놨으면 좋았을 텐데…'
평상심을 찾아 자연스러운 모습)

이처럼 부정적인 자기 대화를 '긍정의 언어'로 바꾸면 그에 따른 감정이나 행동에 더 나은 결과를 얻을 수 있다. 물론, 부정적인 신념부터 바꾸는 일이 선행되면 좋겠지만, 신념을 바꾸는 게 쉽지 않을 수 있으므로 스즈키 요시유키는 자기 대화법을 바꾸라고 말했다.

절박한 상황에서 자기 대화가 빛을 발했던 사례를 우리는 두 눈으로 확인했다. 2016 리우올림픽 펜싱 남자 개인전에서 박상연 선수는 "할 수 있다."라고 중얼거린 뒤 기적 같은 역전승으로 금메달을 목에 걸었다. 박선수는 인터뷰에서 은메달이면 충분하니까 '포기할까'라는 생각도 했다고 밝히면서, 승리가 절박해서 '나도 모르게' 할 수 있다고 중얼거린 거였다고 설명했다. 자기 대화는 이렇게 우리가 절박할 때 그 빛을 더욱 발한다.

지금 나에게 절박한 것은 무엇인가. 나의 그 절박함이 빛을 볼 수 있도록 하는 내적 작용이 바로 자기 대화다. 다양한 분야에서 성공을 거두고 있는 사람들이 사용하는 공통된 언어는 긍정의 대화였다. 절박하면서도 "남들은 되지만 나는 안 돼!"와 같은 부정적 자기 대화로 내 행동까지 제한할 이유는 없다. 다른 사람이 나에게 말해주는 "할 수 있어!"라는 위로의 말보다 내가 나에게 들려주는 "할 수 있어!"라는 강력하고 습관적인 말이 더 큰 힘으로 스스로에게 작용한다. 나 또한 언어가 갖는 위력을 잘 알기에 '365일지'에 부정적인 내적 대화를 매일 적고 있으며, 이를 긍정의 에너지가 충전되는 말로 다시 바꾸는 연습을 하고 있다. 우리에게는 자기 대화를 선택할 힘이 있다. 선택하고 통제하면 감정과 행동에 변화가 뒤따른다.

몸과 마음에 좋은
자기 대화 만들기

1. 나를 받아주는 자기 대화

   "하마터면 또 열심히 달리기만 할 뻔했다."

   "I'm OK!"

   "24시간 좋을 순 없어."

2. 타인을 받아주는 자기 대화

   "사람은 누구나 긍정적인 의도가 있어."

   "그 상황에서 누구나 최선의 선택을 한 것일 뿐이지."

3. 나에게 좋은 나만의 자기 대화를 적어봅니다

   ....

   ....

   ....

   ....

4. **자기**(내면의 숨은 자아, Part)**와 나누는 대화 프로세스**

① 부정적 생각, 느낌, 행동 : ~가 싫어(못하겠어, 염려 돼, 의구심이 들어).

② 정화하며 달래기 : 그건 나를 지키려는 긍정적인 의 도인 (　　　　　　　　　)였는데 몰라줘서 미안해. 억눌렀던 나를 용서해줘. 지금이라도 내 속 마음을 알려줘서 고마워. 사랑해.

③ 긍정성 : 내가 원하는 것에 초점을 전환하여 적어보 자(갖고 싶은, 하고 싶은, 되고 싶은 것이 이미 이루어 졌다고 상상하고 느껴본다).

④ 창조적인 내면이 나에게 어떤 영감이나 메시지를 주 는가? 그것을 실행해보자!

길을 걷다 마주치는
강렬한 소확행

'한국 학생의 학업성취도 OECD 국가 중 2006년, 2009
년, 2012년 줄곧 최상위권 차지'

국제학생평가프로그램(PISA) 주관으로 3년마다 치러지
는 시험에서 한국 학생의 수학, 읽기 성적 순위는 2006년
부터 2012년까지 줄곧 최정상을 차지했다. 과학 역시 최상
위권에 속했다. 하지만 2015년부터 조사한 '삶의 만족도'는
OECD 국가 28개국 중 27위, 비 OECD 국가를 포함한 48
개국 중 47위로 나타났다. 이 결과를 교육부는 학업과 장래

에 대한 스트레스 영향으로 분석했다. 학업 성적과 장래에 대한 불안 때문에 놀고 싶어도 참아가며 성적을 얻었지만, 대신에 행복은 잃어버리고 있다는 말이다.

"너희들이 지금 신나서 놀 때냐? 열심히 공부해야 미래에 좋은 대학 가고, 좋은 직장(직업)을 갖는다. 그래야 남들한테 성공과 행복으로 인정받아."

우리가 자라면서 흔히 들을 수 있는 말이다. 가만히 생각해보니 우리 학생들에게 행복이란 현재를 참고 버틴 결과, 미래의 어느 날 확실한 직장이나 직업을 갖게 되는 것에 불과하다. 결국 현재의 즐거움 대신 미래의 직업적 성취로 보상받는 것이라는 이야기다.

"직장 생활이란 게 내가 스스로 결정할 수 있는 일이 그렇게 많지 않아. 생각할 여유도 없고, 왜 사는지도 모르겠고, 월급날이나 꾸역꾸역 기다리고, 어느 날 내 모습을 보니 내 행복은 어디에 저당 잡혀 있는 것 같더라고."

이 말도 직장인이 흔히 들을 수 있는 말이다. 학생 때처럼 미래의 성공을 위해 열심히 살고는 있지만 현재에도 그다지 행복한 모습이 아니다. 성인이 되어서도 우리는 여전히 미래의 어느 날 대박이 터지거나 꿈이 이루어지면 그때 행복을 누리게 되길 바란다. 내 삶에 '대확행(크고 확실한 행복)'이 오면 그것으로 그동안 참고 버틴 일들이 한꺼번에 보상받을 것이라는 막연한 기대감을 품는 것이다. 결국 PISA보고서에서 밝힌 한국 학생의 최저 수준 만족도처럼 성인이 된 지금도 대확행의 성취를 위해 지금의 행복을 미래로 미루며 살고 있는 건 아닌가. 어차피 그 행복은 내일이 되면 또다른 내일로 미뤄질 예정이다.

이처럼 한국의 학생과 직장인이 행복하지 않은 이유를 살펴보면, 즐거운 경험을 현재에 누리지 못하는 것, 지금보다 성취해야 할 내일을 보며 참고 사는 것, 미래에 모두가 인정해주는 대단히 크고 확실한 행복을 좇는 것 즉, '대확행' 때문이다. 이러한 우리의 행복 관념은 하버드대학교에서 '행복학' 열풍을 일으킨 탈 벤-샤하르(Tal Ben-Shahar)의 햄버거론으로 쉽게 이해할 수 있다. 햄버거론에 따르면 한국의 학생과 어른은 성취주의자들이 먹는 '야채버거'를 먹고 있다. '야채버거'에는 마늘, 양파, 쑥갓과 같이 미래에 이익이 될 것으로 생각되는 쓰고 맛없는 것들로만 채워진 햄버거다. 지금의 즐거운 경험은 뒤로 미루고 언젠가 미래에 무언가를 성취하면 행복할 것이라는 생각으로 꾸역꾸역 먹는 햄버거 말이다. 남보다 좋은 성적, 성과만을 향해 달려가느라 현재의 즐거움도 미루며 사는 우리의 자화상이다.

실은 나도 대확행을 원하고 좋아한다. 그랜드 캐니언의 장관과 유럽여행에서 만난 박물관의 그림과 조각들 그리고 휴양지 사이판이나 보라카이의 햇살과 해변은 내 삶에 크고 확실한 행복이 분명하다. 그러나 그렇게 크고 확실한 행복들은 시간과 비용을 투자해서 얻는 것이므로 차 마시듯 옆에 두고 그때마다 경험하기란 쉽지 않다. 오히려 우리의 환경은 학업 성적, 입시 전쟁, 취업 경쟁, 주택 마련, 승진 등 하나같이 치열하게 노력해야 얻을 수 있는 것들과 더 자주 대면하게 만든다. 샤하르 교수에 의하면 이를 무시하면서 멋진 곳을 여행하며 맛있는 것을 먹고 현재의 즐거움만 추구하며 사는 사람은 '쾌락주의자'라고 한다. 현실을 무시하고 즐거움만 추구하는 쾌락주의자에게 현재는 있지만 미래란 그다지 중요하지 않다.

우리는 쾌락주의자와는 달리 설탕과 기름기 많은 고기, 정크푸드 버거를 선택하지 않는다. 그렇다고 언제까지 야채버거만 먹어가며 치열한 일상에서 내 행복을 빼앗기거나 포기하며 살 수도 없다. 몸에 좋은 야채와 입에 좋은 고기가 알맞게 들어 있는 버거가 필요하다. 칠첩반상의 차림은 아니어도 야채와 고기가 있는 버거는 소소한 행복을 준다.

'대확행'의 결핍으로 찾게 된 대체재가 '소확행'이라고 평가절하한다고 볼 수도 있지만, 소소한 일상에서조차 내 행복을 찾지 않으면 내 행복은 어디서 찾아야 한단 말인가? 어쩌면 소확행은 단지 대체재가 아니라 '길을 걷다 마주친 행복의 본질'일 수 있다.

행복에 대하여 본격적으로 연구한 긍정심리학자들의 한 결같은 주장은 배울 수 있고 만들어 갈 수 있는 것이 행복이라는 것이다. 그러니 나만의 방법으로 내 행복을 공부하고 찾아봐야 한다. 지금보다 더 나은 행복은 어디서 찾을 수 있을까? 지금까지 우리가 추구해온 대확행을 뒤집어 보면 행복의 단서를 찾을 수 있다. 앞서 본 학교나 직장에서 행복하지 못한 이유를 다시 정리해보면, 지금의 즐거운 경험을 누리지 않는 것, 현재보다 미래에 대단히 큰 무엇인가를 성취해야 하는 것, 누군가가 인정하는 방식으로 요약된다. 이를 뒤집으면 다음과 같은 세 방향에서 행복의 모습이 보인다.

· 큰 성취를 위한 스트레스 → 소소하지만 즐겁거나 편안한 경험
· 미래, 멀리 → 지금 내가 있는 가까운 곳이나 일상, 가벼운 산책
· 타인비교, 사회적 기준 → 내가 원해서 하는, 나만의 방식

즐겁거나 편안함을 주는 것을
더 자주 경험한다

긍정심리학자들은 '주관적 안녕감(subjective well-being)'을 행복이라 한다. 안녕감은 특별한 사건 없이 편안한 상태를 말하며, 즐거움과 같은 긍정적인 감정에 만족하고 있는 상태다. 그러나 사람에게는 크고 벅찬 감정이나 작고 소소한 감정 모두 일정 시간이 지나면 원래의 수준으로 돌아오는 '쾌락 적응' 현상이 따라다닌다. 감정은 오랫동안 잡아두고 싶어도 잠시 머물다 도망가는 녀석이다. 이를 뒷받침하듯 심리학자 필립 브릭먼(Philip Brickman)이 로또 당첨자의 행복을 조사해보니 그들이 느끼는 흥분과 기쁨은 아주 잠시일 뿐, 다시 무미건조한 일상으로 돌아갔다고 한다. 감정이란 쾌락 적응 현상에 따라 이내 잠잠해지는 것이니 그렇다면 가성비(굳이 큰 비용을 들이지 않아도 높은 만족을 얻을 수 있는) 좋은 것을 취하는 게 현명하지 않을까?

그동안 우리는 즐거움을 참고 미뤄둔 뒤에 찾아온 성취의 기쁨을 만끽하고자 '대확행'을 추구했겠으나, 쾌락 적응 관점에서 볼 때 지금까지의 행복 관념은 가성비가 낮은 행복 관념일 수도 있는 것이다.

그렇다면 우리의 행복도를 더 높일 수 있는 하나의 방안은 무엇일까. 그것은 행복을 크기보다 빈도에서 찾는 것이다. 즐거운 경험을 얼마나 더 자주 가질 것인가. 이것은 감정이 우리에게 주는 소확행이다.

지금 여기에서 찾아본다

아이들 대학 입시로 신경을 쓸 겨를이 없고 나 또한 바쁜 일정에 휴가를 미뤄두었던 적이 있는데 그때 어머니가 하신 말씀이 있다. "얘들아! 살아보니 지금 너희 때가 가장 좋을 때다. 지금 놀러 다니고 즐겁게 살아라." 어머니가 이 영화를 보신 것은 아니겠지만 마치 〈죽은 시인의 사회〉에서 키팅 선생의 대사 같았다.

"현재를 즐겨라. 저 사진 속 100년 전 학교 선배들이 지금 너희들에게 무언가를 말하지 않니? 잘 들어봐라. 카르페 디엠(Carpe diem). 우리는 모두 죽는다. 시간이 있을 때 장미 꽃봉오리를 즐겨라. 너만의 인생을 살아라."

당시 나도 그랬다. 아이들이 합격하면 그때, 좀 더 형편이 좋아지면, 학위부터 마치고 나면…. 그렇게 끊임없이 해야 할 일이 눈앞에 보여 장미꽃이 봉오리 질 때를 자주 놓쳤다.

Present is Present! Present는 현재라는 뜻과 선물이

라는 뜻을 모두 가진다. 지금 이 순간 행복할 수 있어야 한다. 지금 다니는 그곳이 학교건 일터이건 일상에 널려 있는 행복을 찾는 것이다.

나만의 방식을 갖는다

　나만의 방식이란 어딘가 남과 크게 다르다는 것을 의미하지 않는다. 누군가에게 허락을 받거나 의식하지 않아도 되는 것을 말한다. 나만의 창법으로 노래 부르는 것이 아무리 즐거워도 큰 소리로 불러서 이웃의 행복을 방해하거나 심리적 갈등이 빚는다면 온전한 행복을 보장할 수 없다. 숨 쉬고 싶을 때 숨 쉴 수 있는 것처럼 타인을 의식할 필요가 없는 나만의 방식이면 된다. 다만 보여주기 위한 것이라면 열등감의 하나일 수 있다는 것을 명심하라.
　베스트셀러 저자이자 메이지대학교의 교수인 사이토 다카시는 《만두와 사우나만 있으면 살 만합니다》에서 자기만의 단순한 기준을 만들라고 주장한다. 남과 비교해서 얻는 '상대적 행복'과 달리 그 자체로 가치가 있는 자기만의 행복이 '절대 행복'인데, 스스로 행복이라고 믿고 마음으로 느끼는 것이라고 한다. 그는 아무리 힘든 일이 있어도 군만두와 사우나만 있으면 하루의 시름을 잊을 수 있었던 것이다.

워크숍에서 업무의 피로감을 덜어주고 에너지가 충전되는 '나만의 절대 행복'이 무엇인지 알아보니 직장인은 주로 택배 문자 받고 기다리기, 반차 쓰고 오후에 내 시간 보내기, 예쁜 그릇 모으기, 대청마루에서 낮잠 자기, 숲길 산책, 차에서 좋아하는 노래 듣기, 멍 때리며 누워 있기, 나를 위한 선물 사기, 아이와 목욕탕 가기, 강아지와 놀기, 친구와 수다 떨기, 아로마오일로 반신욕 하기, 동네 재래시장 구경하기, 요리하기, 맛집 가기, 책 읽기, 화창한 날 걷기, 퇴근 후 맥주 한 잔 하기, 아이들의 재롱 바라보기, 비 오는 날 막걸리 마시기, 가족과 캠핑 가기와 같은 대답이 있었다.

위스콘신 대학교의 리처드 데이비슨(Richard Davison)의 연구에 의하면 일상에서 소소하지만 행복한 감정을 자주 느끼면 뇌가 행복한 감정을 표준으로 인식해 일종의 '행복 감정 근육'을 만든다고 한다. 근력 운동을 통해 몸의 근육을 단단히 키워가듯이 행복한 감정도 키워갈 수 있다.

'행복 감정 근육'을 만들어 가기 위한 나만의 절대 행복이자 소확행이 있다. 따스한 햇볕, 걷기와 자전거 타기, 사우나 하기, 기분에 맞는 장르 음악 듣기가 있다. 햇살 좋은 날 한강 둔치를 걷다 서래섬 근처에서 마시는 생맥주 한 잔이면 눈금자 하나만큼의 에너지가 충전된다. 자전거로 두 시간여 라이딩을 하고, 우이동의 사우나 옥상에서 일광욕을 즐기며 음악을 듣거나 독서하는 날은 행복 눈금이 완전히 치솟아 일주일을 거뜬히 지내게 해준다. 소소한 '행복 감정 근육'이 점점 더 든든해지고 있다고 느끼는 것이다.

이렇게 스스로를 가꾸고 사랑하는 시간을 가짐으로써 세상이 아름답게 보이고 내 자신도 좋다고 느껴 보아라. 이로써 소확행은 단지 대확행의 대체재가 아니라 '길을 걷다 마주친 강렬한 행복의 본질'이라는 교훈을 얻을 수 있다. 지금 이순간에 즐겁거나 편안함을 얻는, 나만의 방식을 찾아 더 자주 경험하는 것이 나만의 삶의 질을 향상시키는 방식이 된다.

5장

마음을 읽어내는
리더(Reader)가
자격을 갖춘 리더
(Leader)가 된다

혼자 놀기의 정수
- 혼독(讀)

영화 〈캐스트 어웨이〉에서 택배회사의 지사장인 주인공
(톰 행크스)에게는 항상 시간과 싸워 이기는 것이 지상의
과제였다. 그 모습은 바쁘게 살아가는 우리들의 모습과 다
를 바 없다. 하지만 그는 무인도에 표류한 뒤 자신에게 남
은 것이라고는 무기징역과도 같이 지긋지긋한 시간뿐이라
는 사실을 깨닫는다. 그는 배구공에 얼굴을 그려놓고 배구
공 윌슨과 끊임없이 대화하며 '혼자 놀기'의 진수를 보여준
다. 그에게는 지독한 외로움을 달래 줄 배구공이라도 있어
야 했다.

"혼자 있는 시간은 인간관계를 거부하며 외톨이가 되어

방 안에 틀어박히는 것이 아니다. 외로움을 통해 성장하고 자기다움을 발견할 시간이다. 외로움의 무게를 이기지 못하면 중독 문제를 일으키지만 현명한 리더는 외로움에 굴복해 술이나 오락에 빠져 외로움의 시간을 허비하지 않고 생각을 정리하는 데 사용한다." 《혼자 행복해지는 연습》의 저자이자 정신과 의사인 와다 히데키가 한 말이다. 오롯이 혼자만의 시간을 가지면서 겪는 외로움은 분명 나만을 들여다볼 수 있는 시간이다.

그렇다. 혼자 있는 시간은 오롯이 나에게 관심을 두고, 나를 들여다보며 자기다움을 발견할 수 있는 기회가 된다. 하지만 우리는 혼자 있는 시간에 스마트폰을 볼 때가 더 많고 혼자 있는 시간 대부분을 내가 아닌 타인과 연결한다. 기사에 따르면 한국 여행객의 32%는 스마트폰 없이 즐거운 여행을 보낼 수 없다고 한다. 영화 속 톰 행크스(Tom Hanks)가 외로움을 달래려고 배구공과 대화했듯, 지금의 외로움을 혼자서 감당하기 힘들어하는 현대인에게 스마트폰은 외로움을 달래주는 배구공 윌슨인 셈이다.

연결되어 있다는 생각으로 당장의 외로움을 달랠 수야 있지만, 오롯이 나만을 위한 시간을 통해 스스로에게 집중하는 기회는 놓치게 된다. 스마트폰을 통한 관계는 겉으로는 남들과 원만해 보이지만 깊은 공감으로 맺어지는 관계는 아니다. 외로움의 방어수단일 뿐이다. 당장의 외로움을 달래고자 스마트폰과 다른 사람의 반응에 민감하게 반응하게 되면 자기안정감을 느낄 수 없다. 외로움을 조금 더 현명하게 즐기는 연습이 필요하다.

프리랜서 강사로 평일에도 쉴 수 있다 보니 나와 함께 놀아줄 수 있는 유일한 친구는 아내다. 둘이 시내의 골목길을 탐방하며 맛집을 발견하거나 당일치기로 여행을 떠난다. 하지만 매번 나와 같이 있는 이 시간이 아내에게도 언제나 행복일 것이라는 보장은 없다. 부부 문제 전문가의 의견을 들으면 남편이 은퇴 후 아내와 같은 공간에 자주 있게 되어, 아내의 영역을 침범하는 잔소리꾼이 되거나 귀찮게 구는 남자아이로 전락하여 외려 갈등을 키우는 사례가 적지 않다고 한다. 함께 살아가는 부부라도 자기만의 시간과 자기만의 영역이 필요한 것이다.

서로의 영역을 존중하고 혼자서도 평안함을 느끼기 위해 각자의 방식으로 혼자 노는 연습을 해두어야 한다. 옆에 누군가 없어도 편안하고 즐거울 방법을 찾아 놓아야 쓰나미처럼 몰려오는 무료한 시간에도 '자기안정감'과 '자존감' 높은 삶을 살아갈 수 있기 때문이다.

여태껏 안 해본 나 혼자 지내기를 조금씩 연습하다 보니 이제 나는 영화도 혼자 볼 수 있게 되었다. 처음 한 번이 어색하지 반복하다 보면 곧바로 적응된다. 산행도 마찬가지다. 주말에 친구들과 함께 하는 산행도 좋지만, 평일에 나 혼자 하는 산행은 남 신경 안 쓰고 나의 호흡에 맞춰 걸을 수 있으니 마음까지 편해진다. 다른 사람의 사정과 일정에 구애받지 않으면서도 나만의 방식으로 혼자 하룻밤을 보내는 '비박'도 있다. 최대 용량의 배낭에 최소 사이즈의 텐트, 경량 침낭 등 백패킹 장비를 만지작거리며 준비하는 날에는 학창시절 소풍 전날처럼 설레기도 한다.

결국 나는 외로움도 달래고 혼자 노는 재미까지 더해줄 수 있는 최상의 방법을 찾아냈다. 혼자만의 시간에 책을 읽는 '혼독'은 무엇과도 궁합이 잘 맞는다. 외딴곳, 맑은 공기가 있는 시골 그늘 아래도 좋고, 카페도 좋고, 심지어 사우나도 좋았다. 책에 밑줄을 그으며 혼자 있는 시간은 오롯이 나를 위한 것이 된다. 혼독을 하면 혼자임에도 평온함과 충만함을 얻게 된다. 내 안에 존재감이 흐릿해지거나 모호해질 때도 그 시간은 내 마음을 읽어주는 시간이 되고, 때로 강한 영감이 떠오르기도 한다.

그동안 나에게는 책은 끝까지 다 읽어야 한다는 강박이 있었다. 그런데 《그들은 책 어디에 밑줄을 긋는가》에서 "필요한 것 하나만 얻고 나머지는 다 버려도 괜찮다."는 구절을 읽은 후 책에 대한 강박이 말끔히 사라졌다. 이렇게 '혼독'은 자기만의 목적과 방식에 따라 읽으면 그만인 것이다.

'스마트폰 혼독'이 누군가의 반응을 의식하고, 환경에 의존적인 방식이라면, '종이책 혼독'은 혼자 읽고, 밑줄 긋고, 눈을 감고 한참을 생각하다 다시 읽기도 하면서 자신을 일으켜 세워주는 방식이다. 그래서 수많은 리더는 '혼독'으로 즐거움을 찾고 '마음의 그릇'까지 키워나간다.

책 읽기와 책 쓰기로 즐거움을 찾고 마음의 그릇까지 키운 분이 있다. 정조께서 아끼던 남인 출신의 다산 정약용이다. 다산은 정조 사후 신유사옥(辛酉邪獄, 1801년 순조 1년)에 무려 18년이라는 긴 유배형을 받았다. 당시 홍국영은 유배 생활 동안 신세를 한탄하며 술로 허송세월하였지만, 다산은 유배 동안 책을 읽고, 생각을 정리하며 무려 500권을 저술했다. 18년 동안 500권을 저술하려면 한 해에 27권, 매월 2권, 2주마다 1권을 쓴 것이 된다. 타자기나 노트북이 없던 시절이었음을 잊지 말자. 그런 점에서 다산은 책 읽는 리더(reader)였고, 사람의 마음을 읽는 리더(leader)였다. 또한 유배 중에도 책 읽기와 쓰기의 공저 활동으로 오히려 몰입의 즐거움을 얻었으니 고난과 시련을 행복으로 바꾼 리더이기도 하다.

유배지가 아니어도 리더는 외로운 사람이다. 결정에 대한 책임은 다 지면서 어쩔 수 없이 '혼일'을 해야 한다. 전체를 위해 누군가에게 마음에 없는 고개를 숙이고는 '혼술'로 그런 자신을 달래기도 한다. 그렇게 혼일, 혼술하며 방전되는 리더에게 '혼독'은 충전의 시간을 마련해줄 것이다. 리더의 마음 그릇은 책 읽기로 넓어지고 채워지며, 책 읽는 리더(reader)만이 사람을 읽는 리더(leader)가 될 수 있다.

인정받고도 싶고,
인정해주고도 싶고

박지성이 골을 넣고 히딩크 감독에게 달려갔던 것처럼, 내가 무언가를 잘 했을 때 달려가고 싶은 사람은 아버지다. 달려가서 마음껏 자랑하고 싶다. 또한 내가 힘들거나 고민이 있을 때도 아버지를 찾아가 위로나 격려의 말을 듣고 싶다. 말 한마디면 거뜬히 일어설 것 같아서다. 아버지가 히딩크처럼 내 자랑을 받아주며 함께 기뻐하거나, 위로하며 지지해주셨기 때문이 아니다. 아버지는 좀처럼 좋아하는 감정을 환하게 드러내 보이지 않는다. 그래서 TV에서 누군가가 대놓고 좋아하는 모습을 보일 때면 부럽기만 하다.

어릴 적부터 나는 수상을 하여 칭찬받아 마땅한 일을 해도, 아버지는 별 반응을 보이지 않으셨다. 하지만 어찌 된 일인지 동네 사람들은 나의 수상 소식을 모두 알고 계셨다. 내가 없는 곳에서 아버지가 동네 사람들에게 자랑하고 다니신 것이 분명하다. 하지만 내 앞에서 좋아하지 않으면 나에게는 다 부질없는 일이었다. 어쩌면 그건 모두 내가 아닌 당신을 위한 자랑에 지나지 않았을 수 있기 때문이다.

어느 기업의 리더십 워크숍에서 서로를 칭찬해주는 시간이 있었다. 함께 일하는 동료들의 강점, 고마운 점, 본받을 점을 찾아서 차례대로 인정해주는 것이었다. 그 활동에서 남성 한 분의 눈시울이 붉어졌다. 그의 이야기를 들어보니, 살면서 누군가에게 칭찬받거나 인정받은 기억이 단 한 번도 없었다는 것이다. 그 말고도 참가자 대부분이 칭찬하기와 칭찬받는 일은 분명 기분 좋은 경험이었지만, 그에 못지않게 어색하기도 했다고 토로했다. 그만큼 우리의 리더는 누군가로부터 대놓고 인정받거나 좋은 감정을 충분히 표현해주는 일에 인색하다.

아브라함 매슬로우(Abraham Maslow)의 욕구이론을 들먹이지 않아도 사람은 누구나 '인정받고 싶은 욕구'가 있다. 하지만 누군가를 인정해주거나 칭찬해주는 일은 어렵다. 리더들의 이야기를 들어보면 하나같이 "마음은 있는데 표현이 잘 안 된다."라고만 한다. 마음만 있고, 행동으로는 나오지 않는 것! 우리가 가진 어려움은 이것이다. 인정받고 싶고 인정해주고도 싶지만, 겉으로 표현하려니 쉽지 않다. 아버지도 그랬고, 조직의 리더들도 그렇다.

　어느 날 집으로 들어오자마자 딸이 무언가를 보여줬다. 종이로 접은 카네이션이었다. 학교에서 배운 것을 집에 오자마자 자랑하고 싶었던 것이다. 하지만 아빠가 기뻐해 줄 거라는 기대감에 차 있던 딸의 표정은 금방 굳어졌다. 종이꽃을 자랑하던 딸은 방문을 닫고 들어가 오랫동안 나오지 않았다. 처음에는 딸이 왜 토라졌는지 이해할 수 없었다. 분명히 나는 잘했다고 말해주지 않았던가? 나중에 알게 되었지만 내 반응이 딸의 기대에 못 미친 것이 문제였다. 딸은 좀 더 격하게 반응해주길 바랐던 것이다. 곰곰이 생각해보니 내가 아버지에게 칭찬받고 싶었던 욕구와 딸이 내게 기대했던 반응은 다르지 않다. 내가 아버지에게 진짜 원했던 것은 단순히 인정받고 싶다는 게 아니었다. 확실하게 대놓고 표현해주길 원했던 것이었다. 흐뭇한 마음으로 바라만 보는 것이 아니라 감정을 밖으로 드러내놓고, 내가 알아차릴 수 있게 엄지손가락을 치켜세워 주는 것을 보고 싶었던 것이다.

　내가 아버지에게 "아버진 내가 잘못한 것만 보이세요?"

라고 말했더니, 내 아들도 나에게 똑같이 복사했다가 "아버지 내가 잘못한 것만 보여요?"라고 붙여넣기를 했다. 내가 아버지에게 섭섭해서 했던 말, 그 말을 아들의 입을 통해 들으니 더럭 겁이 났다.

'내가 충족하고자 하는 욕구를 아들도 딸도 똑같이 가지고 있다!', '마음만 있다고 해서 충분한 것이 아니고, 잘한 점은 대놓고 말해줘야 되겠구나!' 많은 이들의 아버지의 아버지가 아버지에게 그랬듯이, 직장 상사의 상사가 그랬듯이 마음만 가지고 말하지 않아도 알아주겠거니 한다. 하지만 인정받고 싶은 '욕구'는 상대가 적극적으로 표현해줘야 채워지는 감정이다.

리더가 직원을 아끼며 성장하도록 이끌려는 마음은 분명 아름답다. 하지만 직원들은 마음만으로는 부족하다고 느낄 것이다. 직설적으로 표현해 달라고 하고, 코앞에 엄지를 척! 하고 보여 달라고 속으로 외치고 있을 것이다. 마음만 고이 고이 품고는 겉으로 표현하지 않으면 직원을 대견하게 생각하는 리더의 마음을 그들은 알 길이 없다.

나는 내일,
어제의 너와 만난다

"도무지 말이 안 돼서 이해가 안 돼. 현실적으로 이치에 안 맞잖아."

"지금의 사랑을 단 30일 동안만 할 수 있는 운명이라니. 두 사람의 아름답고 안타까운 사랑에 가슴이 미어진다."

나나츠키 타카후미의 소설을 영화화한 〈나는 내일, 어제의 너와 만난다〉에 남겨진 영화평이다. 같은 서사에 대한 평가지만 누군가는 대체 무슨 스토리가 어처구니 없고, 말이 안 되며 유치하냐고 비판하고, 다른 누군가는 스무 살의 연애와 사랑을 떠올리며 눈물을 훔쳤다고 말한다. 나도 처음 이 영화를 봤을 때 어떻게든 이해하려고 여러 번 되감아

보았지만, 이 영화는 머리가 아닌 가슴으로 봐야 하는 영화인 걸 늦게나마 깨달았다. 그리고 나 역시 안타까운 사랑에 가슴 아파했다.

'나의 내일이 너에게는 어제가 되는 것, 그러니까 나는 내일 너의 어제와 만나는 것'

이 문장이 쉽게 이해되는가? 나 또한 이 문장을 이해한 뒤에 영화를 보려고 한참을 생각했지만 이해하기 힘들었다. 그럴 땐 별 수 없다. 일단 더 관람하는 수밖에.

이 영화 속 남녀 주인공의 시간은 서로 다르게 흐른다. 타임라인 상으로 서로 반대편에서 온 사람이다. 주인공 남자는 우리처럼 과거에서 현재 그리고 미래로 가는 타임라인에 살고 있고, 주인공 여자는 그와 반대인 미래에서 현재로 그리고 과거로 가는 타임라인에 살고 있다. 두 사람 각자의 타임라인이 교차하는 시점인 스무 살, 기차역에서 둘이 우연히 만나는 장면으로 영화는 시작된다. 영화 제목처럼 '나는 내일, 어제의 너와 만나는' 것이다.

1일 차(-30일차)

스무 살의 '타카토시'는 지하철에서 우연히 만난 '에미'를 보고 순식간에 마음을 빼앗긴다. 놓치면 안 되겠다는 마음에 뒤따라가, 용기를 내어 휴대전화 번호를 알려달라고 하지만 여자는 휴대전화가 없다고 한다. 차였다고 생각한 남자는 실망하여 돌아서지만 에미는 정말 휴대전화가 없었을 뿐이었기에 다시 만나기를 청하는 남자에게 여자는 "다시 만날 수 있어요. 또 봐요. 내일 또 봐요." 하고는 헤어진다. 내일 어디에서 몇 시에 만나자는 약속도 없이….

2일 차(-29일)

내일 또 보자는 말을 들었지만 전철에서는 그녀를 볼 수 없었다. 실망한 채 동물원에서 그림을 그리고 있는 타카토시 앞에 그녀가 다가왔다. 남자가 있는 곳을 어떻게 알고 왔을까? 그녀는 단지 "내일 보자고 했잖아."라고 말한다.

이후 둘은 매일 행복한 만남을 이어가고, 스무 살 동갑내기 남자 주인공은 여자를 사랑하는 '지금'이 너무 벅차고 즐겁다. 그는 점점 줄어드는 시간을 알고 안타까워하는 여자의 마음을 알 리 없다. 그러던 중 남자는 마치 '미래 일기'처럼 쓰인 여자의 일기장을 보게 된다. 날짜는 미래에서부터 현재를 향해 있고, 남자에 대한 기록은 과거에서 현재를 향해 적혀있는 것을 보게 된다. 이윽고 남자는 서로의 시간이 반대로 흐르고 있음을 알아차리게 된다. 남자는 어른으로 여자는 어린 시절로 돌아가는 것이다. 둘에게는 스무 살의 단 30일 만이 서로의 시간이 교차 되는 순간이다.

15일째(-15일)

둘은 현재의 시간이 너무 소중하다는 것을 알고 더없이 행복하게 보내기로 마음을 고쳐먹는다. 두 번 다시 돌아오지 않을 스무 살의 시간. 그러나 지금의 사랑은 둘의 추억으로 남겨지지 않는다. 남자에게 행복한 '지금'의 기억과 기록들이 여자에게는 모르는 일이 될 테니까.

30일 째(-1일)

남자는 여자와 만난 지 30일째고 여자는 남자와 첫 번째 만나는 날이다. 여자에게 남자와의 아름다운 추억은 당연히 없다. 마치 치매에 걸린 부부같다. 남자는 과거 29일간의 이야기를 들려준다.

현실에서의 우리 삶도 영화와 크게 다르지 않다. 어느 것이든 둘 중 하나는 영화의 엔딩처럼 빈자리를 공허하게 바라볼 것이다. 부부의 삶도 그렇고 직장 생활도 그렇다. 우리는 누군가의 빈자리를 바라보게 된다.

"도대체 이해가 안 돼. 말이 안 맞잖아."라는 영화의 후기처럼 나도 그렇게 까칠하게 산다. 하지만 우리 삶은 머리로 이해할 수 없는 일이 수없이 많고, 말도 안 되는 일이 눈앞에 펼쳐지지 않던가? 머리로 이해할 수 없으면서도 살아갈 수 있는 이유는 우리는 마음으로도 살아가기 때문이다.

이 영화의 스토리는 허구다. 그러니까 더더욱 머리로 분석하고 이해할 이유가 없다. 스토리의 앞뒤를 이해하려고 하지 않아도 된다. 머리가 아닌 가슴으로 받아들이면 그뿐이다. 그저 스무 살 그때로 돌아가 내 안에 몽실몽실 남아 있는 무언가를 느껴보는 것. 그것으로 충분하다. 비단 책이나 영화에 대한 비평뿐 아니라 직장이나 가족의 일상에서도 마찬가지다. 가슴으로 느끼며 있는 그대로 받아들이면서 살면 된다. 사랑과 행복은 몇 kg, 몇 cm로 계량화할 수 있는 것이 아니다. "배가 조금 더 나왔지만 여전히 내 앞에 있네, 그럼 그것으로 됐네."라고 말하라. 영화 속 주인공 에미는 사랑했던 추억조차 함께 나눌 수 없었지 않았던가. 우리는 그래도 찰나의 순간들을 간직하고 과거의 그때를 추억할 수 있으니 얼마나 다행인가. 더 다행인 것은 내일의 너도, 어제의 너도 여전히 너라는 것이다.

민감하지도 무디지도
않을 만큼만 세팅하라

독서모임을 마치고 돌아가는 길은 언제나 상쾌하다. 평일 오후의 전철역도 북적임 없이 한가했고 빈 좌석이 드문드문 보였다. 자리가 있었지만 몇 정거장 후 갈아탈 예정이니 그냥 서서 가기로 하고 스마트폰을 열어 그 속으로 들어가고 있었다. 다음 역에서 문이 열렸다. 그때 나를 확 밀치며 들어오는 한 사람 때문에 하마터면 손에 들고 있던 폰을 떨어뜨릴 뻔했다. 사람이 충분히 다닐 여유 공간이 있었는데도 옆으로 확 밀치며 지나간 것이다. 그냥 지나가는 행동이 아닌 힘을 가해 의식적으로 밀쳐내는 행동이었다.

'내 앞에 서서 거추장스럽게 하지 말고 비켜서라, 좀'이라는 메시지가 느껴졌다. 지나치다 싶고 어이가 없어 고개를 돌리는 순간 그 사람도 자리에 앉아 나를 노려보고 있었다. 그 순간은 영화 〈어벤저스3〉에서 유리스믹스(Eurythmics)의 〈Sweet Dreams〉이 배경음악으로 나오는, 시간이 멈추거나 느리게 흐르는 장면 같았다.

일반적으로 의도하지 않은 행동이면 본인도 몰랐을 텐데 나를 노려보고 있었다는 것은 다분히 의식적인 행동이었다는 느낌을 받았다. '누군가와 싸우고 난 뒤에 전철을 탔을까?', '여유 있는 공간의 전철이었으니 흔히 "지나가겠습니다."하고 말하거나 "실례합니다."라고 말하고 지나가면 될 일인데 도대체 나에게 왜 그런 거지?' 다가가서 따져 묻고 싶었지만 흥분한 사람과 무턱대고 대응할 수 없었다. 잠시 후 나는 마음 추스를 틈도 없이 환승을 위해 내려야 했다.

전철은 이미 떠나버렸지만 나를 노려보던 그 여성의 표정은 점점 더 선명하게 남았다. 나도 부아가 치밀어 올라왔다. "속 시원하게 한마디 해 줬더라면 좋았을 텐데…."과도 할 정도로 민감하게 구는 그 사람에게 뭐라고 한마디라도 했더라면 조금 나았을까. 전철에서 내리고 나서도 분이 풀리지 않아 한동안 그 자리에 서 있었다. 만약 이 상태로 내가 다음 전철을 타고, 누군가가 내 앞에 서서 스마트폰을 보며 거추장스럽게 가로막고 있다면 나 또한 그를 밀치며 지나갔을지도 모른다. 상상만 해도 소름이 돋았다. 나도 부정적 자극을 흘려보내지 못하고 휘둘리며 날카롭게 되는 건 매한가지이고, 예민하기로는 그 사람과 닮은꼴인 걸 알았기 때문이다. 불과 십여 분 전 언주역으로 걷는 동안의 상큼한 느낌, 기대감, 그리고 역에서의 여유로움과 평화로웠던 내 감정은 그렇게 일순 어디론가 사라졌다. 관계에서의 예민함은 그렇게 같은 민감함을 끌어들인다. 그리고 악순환의 결과로 이어진다.

이런 부정적 에너지의 순환을 끊고 벗어나야 한다. 《미라클》의 저자 조 비테일은 "내가 열 받고 있구나." 하며 그저 흘려보내고, 그 대신 내가 하고 싶고, 되고 싶고, 갖고 싶은 것에 곧바로 관심을 돌리는 일이 효과적이라고 했다. 긍정의 환경으로 시선을 돌려 잽싸게 갈아타는 것이다. 우연의 일치인지 마침 환승역 홍보 판에는 얼굴에 붕대를 한 고흐의 자화상이 나를 보고 있었다. 그 역시도 예민하고 완벽한 성격 탓에 자신의 귀를 잘라 버린 사람이다. 결국 그런 예민함으로 동료이자 라이벌인 고갱과의 관계도 멀어졌다. 후세에 많은 사람은 이런 고흐를 보고 신경과민, 피해망상 등 정신 병리학적 진단을 내리기도 했다.

예민함은 본인뿐 아니라 주변 사람까지 숨 막히게 한다. 특히 직장인의 경우 스트레스의 대부분이 일보다 사람에게서 오는데, 신경이 날카롭고 예민한 상사는 숨 쉴 틈 없이 직원들을 조인다. 하지만 이렇게 예민하더라도 능력 있는 상사를 만난 직원은 상사의 날카로운 지적에서 살아남기 위해 애쓰면서 꼼꼼하게 일 처리하는 법을 배우기도 한다. 사실 최악의 상사로 손꼽히는 상사는 능력이 없으면서도 신경이 날카롭고 예민한 상사다. 이런 상사는 자기 방어를 위해 만만한 직원을 대상으로 사소한 일을 가지고 트집을 잡기 때문이다. 이에 이골이 난 직원은 그저 "짖어라."하는 반응을 보이며 달관하거나 불평불만을 늘어놓아 조직에 도움이 안 되는 사람이 된다. 반대로 이런 상사는 똑똑하고 부지런한 후배를 만나면 잡아먹힌다.

한편, 심리학자 일레인 N. 아론 박사(Elaine N. Aron)는 《타인보다 더 민감한 사람》에서 "민감한 것은 기질적이며, 인구의 15~20%가 매우 민감하다."라고 밝혔다. 오카다 다카시는 그의 저술 《예민함 내려놓기》에서 예민한 사람이 44%라고 하니 70억 지구인의 절반 가까이가 예민함에 속한다. 그러나 예민한 사람은 주변 사건이나 일에 과민하게 반응하지만 절대 열등한 것은 아니다. 오히려 감수성과 창조성이 뛰어나고 섬세함과 깊이가 있는 사람이다. 그러니 주변에서 까칠하다고 오해하더라도 자신을 책망할 필요가 없다고 했다.

우리 집에서 예민한 사람은 딸이다. 낯선 외부 화장실에서는 볼일을 제대로 보지 못한다. 학교에 있다가도 집으로 돌아와 볼일을 보고 다시 학교에 간다. 예민한 탓에 사서 고생하는 것 같아 안쓰럽지만 딸에게는 큰 강점이 있다. 예민한 만큼 눈치가 빨라 집안 분위기를 바로 파악한다는 것이다. 누구보다 식구들의 감정을 잘 읽고 헤아려준다. 나에게 필요한 것이 있으면 기가 막힐 정도로 그것을 선물한다. 덕분에 손수건이 없으면 손수건이, 면도기가 없으면 면도기가 생겼다. 강아지가 조금 불편해 보이면 제일 먼저 알아채고 동물 병원에 다니는 것도 딸의 몫이다. 예민함은 달리 말하면 섬세함이다. 딸아이의 강점은 이렇게 섬세하게 주변을 살피고 돌보는 것이다. 이런 딸의 존재 자체가 얼마나 감사한 일인가.

철골 구조의 한강대교를 걷다 보면 다리의 연결 지점마다 넓은 틈새가 보인다. 철골 구조물에 변형이나 균열이 생기지 않도록 미리 확보해둔 여유 공간이다. 강한 철골 구조물조차 겨울과 여름의 기온 차이에 따라 움직임이 있고 빈 공간을 가진다. 이처럼 온도에 예민한 재질일수록 여유 공간은 더 필요하다.

사람도 마찬가지다. 예민한 사람일수록 마음의 여유 공간을 미리 확보해두는 자기만의 대화가 필요하다. 마음의 여유 공간이란 "조금 덜해도 괜찮아."라고 자기를 허용하는 공간이다. 매번 실수하지 않았는지를 확인하며 촘촘한 그 물에 가둬둔 자신을 조금 헐렁한 것으로 숨을 트게 만드는 것이다. 삶의 여행목록을 계속 체크해 가며 여행 가방을 빈 틈없이 가득 채우다 보면 여행 내내 짐이 된다. 여행 가방 에 공간을 남겨두어야 한다. 시간에서의 빈공간, 관계에서 의 여유 공간, 마음에도 허용의 공간이 필요하다. 용기가 필 요하겠지만 여행 가방 대신 작은 손가방 하나만 들고 나서 보자. 생각만 해도 마음은 가볍고 몸은 자유롭지 않은가?

직장에서도 마찬가지다. 직원들에게 시시콜콜 간섭하면 자율성이 줄어들고 자존감도 낮아져 성과의 막대한 적이 된다. 마음에 허용 공간을 마련해서 그 마음으로 직원들을 바라보자. 그러면 실망감 대신 이해심이 채워지고, 리더십 그릇도 넓어져서 그 공간에 더 많은 성과를 채울 수 있다. 리더는 직원들의 도움이 있어야 성과를 채울 수 있는 사람 이기 때문이다.

딸은 아주 예민한 반면, 우리 집 아들은 둔감한 사람이다. 약속에 늦어도 서두르는 기색이 없고 일이 조금 틀어져도 그런가 보다 한다. 가족과의 관계에서도 누군가의 눈치를 보는 기색이 없다. 눈치를 줘도 그때뿐이다. 한마디로 신경 을 꺼놓고 산다. 최근에 스마트폰 앱으로 스트레스 수준을 측정해보니 실제로 아주 낮은 수준의 스트레스 점수가 나타났다. 마치 잠들기 전의 편안한 상태와 같은 수치다. 확실히 둔감한 사람은 외부 자극에 덜 민감하다.

이렇게 다른 이와의 관계에 무디게 살아도 되는지 내심 걱정이 들었지만 여자친구가 생긴 뒤로 아들에 대한 내 걱정은 도루묵이 되었다. 아들은 전과 달랐다. 만난 지 며칠이나 되었는지, 기념일을 꼬박꼬박 챙기고 있었고 내 생일 선물은 대충 넘어가도 여자친구 생일은 기막히게 챙겼다. 그 일을 통해 알게 된 사실은 둔감한 사람도 자기에게 가치 있다고 여겨지는 일에는 촉각을 세워 산다는 것이다.

아마도 아들이 속 편히 누리고 있는 둔감이란 놈은 "내가 신경 쓰지 않아도 큰 탈 없겠다."라는 일종의 '믿음'인가 보다. 자기가 나서지 않아도 주변에서 누군가는 생일을 챙길 것이고, 설사 선물을 직접 챙기지 않아도 큰일 날 일이 아니라는 믿음 말이다. 아무튼 주변이야 어떻든 조금 무디게 살아가면 자기 속은 편할 테니 자기 행복에는 그만이겠다.

하지만 여러 사람에게 영향력을 행사하는 리더의 둔감함은 대인민감성이 낮다는 것을 의미한다. 대인민감성이 낮아 주변 사람이 내 가방을 꾸려주는 수고를 해야 한다면 자기밖에 모르는 자기중심적 리더일 뿐이다. 리더가 타인의 욕구나 감정에 대한 인식능력이 낮으면 공감 능력도 낮아진다. 공감 능력이 낮은 리더는 이기적인 리더로 비치고, 결국 타인의 자발적 헌신과 몰입을 끌어낼 수 없다. 둔감한 리더는 주변 사람의 욕구와 감정을 인식하는 감각을 조금 더 길러야 한다. 자기애를 넘어서 타인에 대한 사랑으로 사람을 보면 그들의 욕구와 감정이 보일 것이다.

자존감은 자기를 사랑하는 마음이다. 하지만 진정한 자존감은 이기적 자기애의 차원을 넘어서 타인에 대한 측은지심으로 완성된다. 예민함과 둔감함 모두 자기가 무엇에 관심을 두느냐의 유무에 따라 달라진다. 관심이 없으면 그만큼 무뎌지고, 관심을 가지고 촉각을 세우는 어떤 일에는 누구나 민감해진다. 다시 말해 예민한 사람도 어딘가는 무디고 둔감한 면이 있고, 둔감한 사람도 예민해지는 구석이 있다. 민감과 둔감은 기질적인 면이 강하다고 하니 그런 나의 특성은 이해하되, 너무 예민하지도 둔감하지도 않도록 행동해 보자. 예민하다면 조였던 마음을 조금 풀어 "그럴 수도 있네."라고 허용의 공간을 만들고, 둔감하다면 타인의 마음을 더 읽어 "힘들구나."라는 측은지심을 가져보라.

책에 긋는 밑줄만큼
젊어지는 이유

내가 밑줄 그으며 읽는 책 중에는《하루관리》와《리딩으로 리드하라》가 있다. 두 권 모두 내가 좋아하는 이지성 작가가 쓴 책이다.《하루관리》에는 독서 토론에 관한 이야기가 나오는데, 서로의 말을 들어주고, 격려하고, 사랑해주는 모임이라는 곳에 밑줄 그었다. 내가 참여한 독서모임이 1년 만에 멈추었는데 돌이켜보니 내가 상대의 말을 진심으로 들어줄 준비, 내 의견과 맞지 않아도 상대를 존중하고 사랑할 준비가 덜 되었기 때문임을 깨달았다.

《리딩으로 리드하라》라는 책은 나보다 아들이 먼저 사서 밑줄 쳐놓은 책이다. 이 책에 아들이 그어 놓은 밑줄은 나를 부끄럽게 했고 일주일에 적어도 한 권은 독서하겠다는 결심을 하게 만들어줬다. 그 책 1장에는 어느 법조인 가문과 전과자 집안의 사례가 나온다.

"5대에 걸친 896명의 후손 중에 판검사 및 변호인, 목사, 저술가, 공무원, 군인, 의사, 대학교수와 대학총장, 상원의원, 그리고 1명의 부통령을 배출시킨 가문이 있다. 반면 같은 시대 같은 지역에서 1,062명의 후손 중 대부분이 막노동, 빈민, 전과자, 알코올 중독자, 창녀인 가문도 있다. 첫 번째 가문은 《성경》을 영적 지표로 삼고, 인문고전을 읽는 전통을 후손에게 물려준 조나단 에드워즈의 후손이고, 두 번째 가문은 《성경》과 인문고전에 문외한으로 살아가는 전통을 물려준 마커스 슐츠의 후손이다. 미국 뉴욕시 교육위원회가 한 사람의 영적, 지적 수준이 후손에게 어떤 영향을 미치는지를 조사한 결과다. 조나단 에드워즈는 미국의 위대한 사상가이며 신학자 겸 철학자다."

어떤 가문의 선대는 책에서 좋은 스승을 만나 그 스승의 영적, 지적 가르침을 마음에 새기고 때론 밑줄 그으며 그 흔적이 된 책을 후손에게 물려주었고, 다른 가문은 그런 책을 물려받지 못하여 좋은 스승을 만날 기회를 가지지 못했거나, 선대가 그어 놓은 밑줄을 진심으로 받아들이지 않았던 것의 차이가 아닐까? 책 속의 지혜가 한 가문에 미치는 영향이 이럴진대 하물며 개인의 삶에 미치는 영향은 어느 정도일까?

"열세 살에 유클리드의 《기하학》, 열네 살에 칸트의 《순수이성 비판》을 만나고 어떤 변화를 경험한 아이는, 인문 고전을 읽음으로써 자기 인생을 완전히 바꾸기로 결심하고 열일곱 살에 '술 대신 고전에 취하겠다'는 맹세를 하기에 이르렀다."

《리딩으로 리드하라》에 소개된 알버트 아인슈타인에 대한 일화다. 어릴 적에는 산만하고 불성실했고, 대학에서도 별 볼 일 없는 학점을 유지하던 아인슈타인이 고전을 읽게 되면서 유클리드와 칸트도 만나게 되고, 삶도 달라지기 시작했다는 이야기다. 일상에서부터 책에 노출된 아이의 두뇌는 자연스럽게 저자들이 생각하는 방식과 접촉하면서 천재들의 두뇌처럼 바뀌게 된다고 말한다. 독서는 이렇게 가문과 개인의 삶을 바꾸는 영적 스승 혹은 역할 모델을 만나게 한다.

내가 책을 읽고 글을 쓰는 모습을 지켜보던 아들이 어느 날 내가 읽던 책을 똑같이 읽고 필사했다. 딸도 내가 좋은 습관을 들일 목적으로 쓰고 있는 '심플래너'를 쓰고 읽어

가면서 자기를 사랑하는 방법을 배워가고 있다. 내가 어느 작가의 모습이나 그 책의 내용을 모방하고 학습하듯, 아들과 딸도 책에서 누군가를 모방하며 성장하고 있다는 것이었다. 송년 가족 워크숍을 진행하면서 지난 1년 간 가장 좋았던 것을 각자 적어보니 아빠가 책을 읽고 쓰면서부터 간섭이나 화내는 일이 10점에서 2점으로 줄어든 것을 손꼽았다. 또 한 번 부끄럽고 감사했다.

반두라의 '사회적 학습이론'에 따르면 매력적인 사람을 모방하며 학습하고 성장하는데, 역할 모델은 직접 만난 사람이기도 하지만 책을 통해 간접적으로 만나기도 하다는 것이다. 간접적이지만 책을 통해 천재들이 생각하는 방식과 접촉하고 그들의 생각을 흡수하거나 행동을 모방하며 성장한다. 책을 읽음으로써 역할 모델과 접촉하게 되고, 역할 모델과 접촉하는 과정에서 그의 가치관, 신념, 능력, 행동 그리고 그가 살던 주변 환경과도 만날 수 있다. 심지어 그가 가진 정체성의 옷을 슬쩍 입어볼 수도 있다. 매력적인 역할 모델처럼 되고자 그의 신발을 신고, 그의 옷도 걸쳐보면서 그가 앉은 자리에서 그의 눈으로 세상을 바라볼 기회를 얻는 것이다.

매력적인 역할 모델과 교류한 사람은 가만히 있지 않고 무언가를 따라해 보든지 최소한 흉내라도 내본다. 그가 입은 옷이나 넥타이를 구입해서 입어보거나 몸에 달린 장신구를 패용하기도 한다. 그의 걸음을 흉내 내거나 표정 혹은 목소리를 흉내 내기도 하고, 조금 더 욕심이 생기면 그의 능력을 배우고자 한다. 나아가 현명한 사람은 그의 신념과 가치를 나의 것으로 내재화하기까지 한다.

내 결혼식 사진을 보면 우스꽝스럽게도 결혼식에 입은 내 옷의 색상이 일반적이지 않다. 사람들이 결혼식에 흔히 입는 검정색이나 흰색 예복이 아닌 쑥색이기 때문인데, 쑥색을 결혼식 예복으로 선택한 데는 쑥스러운 이유가 있다. 길을 가다 보게 된 한 남자가 내 눈에는 너무 매력적이었다. 직접 만난 일도 없었지만 TV에서 본 그가 내 앞에 걸어가는 모습만으로 가슴이 뛰었다. 그날 나는 그가 입은 옷이 어떤 색상인지 선명하게 기억하고 있었고, 내가 할 수 있던 일은 그가 입은 옷과 같은 색상이라도 입어보는 것이었다. 결국 그 사람이 입은 쑥색 외투가 결혼식의 쑥색 정장으로 탈바꿈했다.

단 한 번도 나와 이야기조차 나눠본 적 없는 인물이 나에게 일순간 그러한 영향을 미쳤을 진데, 하물며 책을 통해 깊은 이야기를 나눈 사람과의 접촉은 어떠할까? 나는 단지 그의 외투를 따라 입는 수준이었지만, 누군가 타인의 생각과 능력과 행동까지 본받고 따라 하게 된다면 실로 엄청난 영향이 아닌가. 영향력의 핵심은 사람이고 그 사람이 주려는 메시지는 주로 책에 담긴다. 그러므로 책을 통해 위대한 스승의 메시지를 만나 그의 생각을 흡수하여 능력을 갖추는 과정은 실로 사람의 인생을 바꾸는 것이기도 하다.

일본의 영향력 있는 출판기획자이며 다독으로도 유명한 도이 에이지는《그들은 책 어디에 밑줄을 긋는가》에서 책 한 권에 그은 '하나의 밑줄'이 인생을 완전히 바꿔버릴 정도의 영향을 미치기도 한다고 주장한다. 그러면서 그는 빨리 읽거나 처음부터 끝까지 다 읽기보다 천천히 읽고, 필요한 부분만 찾아 몇 군데 밑줄 긋는 독서법을 추천한다.

책 읽는 방식과 책을 다루는 방식이 사람마다 각기 달라서 누군가는 빠르게 읽거나 깔끔하게 다루기도 하지만, 나의 경우는 한참을 더 생각하고 소화하는 시간이 필요하므로 밑줄 치며 정독하는 편이다. 책에 밑줄을 그어 흔적을 남기는 이유는 저자가 들려주는 감동적인 이야기와 지혜를 발견하는 순간 내 것으로 만들고 싶은 충동이 일기 때문이며, 밑줄을 그으면 내 것이 될 것 같은 기대감 때문이다.

나는 아직 아니지만 나도 그 사람처럼 될 것 같은 착각 혹은 기대감. 그러한 기대감은 나를 열정적이게 만든다. 내가 마치 그 사람인 것처럼 생각해보게 하고, 때로는 그 사람을 흉내 내며 행동하기도 하고, 그 사람이 가진 소품이라도 챙겨서 가지고 다니는 것만으로 내 안에 잠들어 있던 욕망을 일깨운다. 열정에 기름 붓는 사람은 다름 아닌 책에서 만난 이다. 책에서 노인을 만나면 나도 너그럽고 지혜로운 노인이 되고, 젊은이의 이야기를 듣다 보면 나도 자유롭고 거침없는 젊은이의 마음을 갖게 된다. 《내 마음대로 사는 게 뭐 어때서?》라는 책을 통해 만난 젊은이들의 이야기는 지금까지 남의 시선을 의식하며 휘둘리고 살아온 나에게 내 마음대로 살아보라고, 그런 세상과 부딪혀보라고 알려준다. 나보다 더 많은 고민을 짊어진 젊은이들이 책을 통해 내 무거운 생각 하나를 가볍게 덜어준 것이다.

나를 젊게 만드는 책은 기존에 내가 가진 낡고 늙은 생각을 깨주는 책이다. 두뇌가 자극을 받아 호기심과 열정을 갖게 만드는 책이다. 한마디로 나를 가슴 뛰게 만들어 나를 젊어지게 하는 책이다. 그런 책을 읽다 보면 나이를 먹음과 관계없이 내 생각이 환기되어 나의 삶이 결코 식지 않을 것이라고 착각하게 만든다. 내 삶에 영향을 주고 싶다면 '젊어지는 책'에 더 자주 밑줄 긋고 흉내라도 내어보라.

서드 에이지,
리더의 필수코스

'당신 삶에 봄날은 언제인가요?' 시원한 바람을 맞으며 한강대교를 걷다 보면 마주치게 되는 문구가 있다.

"내 인생의 봄날은 언제나 지금이다."

이 한 문장을 읽을 때면 과거의 어느 좋았던 날이 아닌 지금의 나에게 초점을 맞추게 된다. 하버드대학교 성인발달연구소에서는 40세 이후 70세까지의 30년 동안을 인생의 봄날이라고 말하면서, 이를 '서드 에이지(Third Age)'라고 명명했다. 연구소에서는 인생을 세 시기로 나누는데 퍼스트 에이지는 배움의 단계(Learning)이고, 세컨드 에이지는 정착단계(Doing) 그리고 서드 에이지는 자아실현을 추구해

가는 단계(Becoming)로 규정했다. 이때가 바로 인생 최고의 전성기이며 제2의 성장이 시작되는 시기라고 한다.

성인발달연구소의 새들러는 마흔이 넘은 남녀 200여 명을 인터뷰하고, 그중 50여 명의 삶을 12년간 추적 연구했는데, 그들은 크게 두 가지 유형의 삶을 살았다. 그중에 마흔 이후부터 삶의 퇴보가 시작된다고 당연하게 받아들이던 사람들을 추적 조사해보니, 큰 욕심도 없이 자족하는 경향을 보이며 활기가 떨어지는 삶을 보내고 있었다. 반면 마흔부터를 갱신, 재탄생, 쇄신, 원기 회복의 의미로 받아들인 사람들은 에너지가 넘치고 자신의 삶을 제대로 장악하며 여러 활동에 흥미를 느끼는 상태로 삶을 이끌어 갔다.

이 연구가 주는 한 줄의 전언은, "낡은 전제를 버리고, 자신의 한계를 확대하며 창조적으로 사고하고 남다르게 살 것."이다. 여기서 낡은 전제란 "마흔 이후부터 쇠퇴, 질병, 의존, 우울 등의 퇴보가 시작된다."라고 기존에 당연하게 받아들이는 사고방식을 말한다. 대부분이 쇠퇴를 당연하게 받아들일 때에도 이례적인 성장을 보여주는 사람들이 있는데, 이들은 지금까지 살아온 방식과 나이 듦에 대한 낡은 생각을 바꾸고, 자기의 정체성을 다시 규정하며 사는 사람들이다. 심리학자 에릭 에릭슨(Erik Homburger Erikson)도 개인의 정체성 형성은 끊임없이 계속해서 진행되는 과정이어야 한다고 주장했듯, 우리가 건강하게 성장하기 위해서는 '자아상' 혹은 '정체성'을 다시 규정하는 방식이 필요하다.

정체성을 다시 규정해간다는 것은 무엇일까? 철학자 니체가 제시한 정체성 수준을 들여다보면 이 질문의 열쇠를 얻을 수 있다. 니체는 《짜라투스트라는 이렇게 말했다》에서 인간의 발달 정체성 수준을 3단계로 이야기했다.

먼저 '낙타'와 같은 정체성으로 살아가는 단계이다. 물 한 모금 없는, '세상'이라는 사막에서 사회적 기대와 역할에 충실 하느라 무거운 짐을 잔뜩 지고 가는 낙타와 같은 삶을 의미한다. 주변의 기대에 맞춰 사느라 그 짐이 너무 무거워도 어쩌지 못하는 '생존 모드'의 정체성이다. 이 삶에서 벗어나려면 먼저 생존에만 집중했던 생각을 버려야 한다. 그동안 '생존 모드'로 살아오면서 쌓아놓은 어깨 위의 짐들을 풀어버리는 것이 그 시작이다. 생존 모드에서는 같은 생각, 같은 행동, 같은 감정에서 벗어나지 못한다. 결국 같은 결과만 가져올 뿐이다. 이러한 굴레에서 벗어나려면 익숙한 과거의 생각을 버리는 게 답이다. 정체성과 신념 수준의 근본적인 변화(Deep Change)로 낙타의 삶에서 탈출을 감행하라.

니체가 말한 두 번째 단계는 낙타가 사자로 정체성을 바꾸는 단계다. 사자는 과거 낙타였을 때의 무거운 짐을 집어던지고 자유와 자율을 쟁취하여 삶의 주인이 된다. 하지만 지금까지 삶의 무게였던 역할 기대에 대한 책임감과 의무감에서 벗어났다고 해서 저절로 삶의 주인이 되는 것은 아니다. 자기만의 새로운 정체성을 만들어 가야 한다. 새로운 정체성은 부모나 주변의 기대, 직장 상사와 후배의 기대에 부응하며 타인의 각본에 맞춰 사느라 일그러진 내 삶을 다시 나답게 사는 것이다. 내가 내 삶의 리더가 되어 삶이 자연스럽게 흘러가도록 '진짜 나' 혹은 '내 삶의 모델'을 만드는 시기다. 남에게 보이거나 다른 사람들이 봐주었으면 하는 내가 아니고, 어떤 시간, 장소, 사람과 관계없이 혼자 느끼는 존재 상태이다. 이것은 스스로 원하는 진짜 모습을 상상해가면서 창조할 수 있다. 이때 의도와 생각뿐 아니라 감정이나 느낌까지 동시에 일치시켜야 한다. 이때 명상이 좋은 방법이 된다.

삶의 최종 단계는 장난꾸러기 어린아이의 정체성을 갖는 단계이다. 최종인 완성형 인간의 단계를 어린아이와 같이 본 이유는 무엇일까? 《자존감 심리학》에서 토니 험프리스(Tony Humphreys)는 어린아이의 있는 그대로의 상태를 갖는 것, 즉 자기를 자유롭게 표현하는 어릴 적 자아를 찾아 떠나는 여행이 자존감을 회복하는 길이라고 했다. 심리학자 칼 융(Carl Gustav Jung)도 "자기 내면의 아이를 다시 일깨우는 것이 궁극적인 성공의 척도다."라고 했고, 윌리엄 새들러

(William Sadler) 또한 "그동안 억압해 왔던 내면의 어린아이를 해방시켜 주는 것, 그래서 자신을 용서할 줄 아는 능력을 회복하는 것이 중년기 성공의 척도다."라고 주장하며 어린 아이의 특성을 회복할 것을 권했다. 영국의 인류학자인 에슐리 몬태규(Ashley Montagu)는 인간은 어릴 적의 유치한 특성을 평생 지니고 있다는 점에서 다른 동물과 다르다고 했다. 인간은 성인이 되어서도 호기심, 즐거움, 웃음, 장난기와 같은 아이의 특성을 지니고 있으며, 이 특성을 살려 아이처럼 사는 것이 젊음을 유지하게 하고 삶의 변혁을 가져온다는 주장이다. 진정한 자아는 아이처럼 표현에 솔직하다. 진정한 자존감 회복은 나의 본성을 솔직하게 드러내고 표현하는 것에서 시작한다.

나이 들어가면서도 젊게 사는 사람은 이유가 있었다. 지나간 추억을 회상하며 그리워하고 한숨짓는 사람이 아니라, 내 안의 아이에게 손 내밀어 다시 그 아이처럼 되어보고 살아가는 사람들이었다. 그 아이의 눈으로 세상을 보고, 아이처럼 행동하는 적극적 경험이 건강한 성인으로의 변화와 발달을 가져오게 하는 것이다.

30대까지의 삶은 어쩔 수 없이 사회가 만들어 놓은 가치평가 기준을 따르느라 진짜 원하는 삶과 거리를 두며 살게 된다. 내가 정한 기준이 아니고, 좋아하고 잘할 수 있는 일이 주어지지도 않는다. 마흔 이후의 삶은 대립하는 가치들의 조화와 통합을 이루는 건강한 삶이어야 한다. 일과 여가, 자신의 자유와 타인에 대한 배려, 나이 듦을 받아들이되 젊음을 유지하는 것, 진지하게 성찰하는 것과 과감하게 실행하는 것과 같이 삶에서 대립하는 것들에 관해 균형 잡고 통합을 이루며 사는 것이 마흔 이후의 '발달 과제'다.

그러고 보면 인생의 황금기에 맞추어 삶을 재편하는 공부가 마흔 이후의 진짜 공부인 셈이다. 단순히 지식의 축적이 아니라 행복과 성장을 위해 삶을 재편하는 공부, 고정된 자아상과 정체성을 극복하고 성장하는 자아상과 정체성으로 전환하는 공부를 시작하라.

이제는 '마흔부터 퇴보'라는 기존의 생각을 집어 던지고, 어린 시절의 '내면 아이'가 나에게 강력히 추천하는 것들이 무엇인지 귀 기울여 들어보아야 한다. 칼 융의 말처럼 중년에게 주어진 소명은 '내면 아이'를 따라 젊고 행복하게 사는 것이다.

"나는 어제의 불운과 패배, 어제의 가슴 아픈 상처를 슬퍼하는 데 오늘을 낭비하지 않을 것이다. 나는 오늘이 마지막 날인 것처럼 살아가리라.

오늘이 내가 가지고 있는 전부이며, 지금 이 시간이야 말로 영원이다.

나는 마치 사형을 면한 죄수와 같은 기쁨으로 오늘의 해가 떠오르는 것을 찬양하리라. 두 팔을 들어 새 날이라는 귀중한 선물에 감사하리라.

오늘의 시간이 덤으로 주어진 것이니 나는 정말 운이 좋은 사람이다."

-《위대한 상인의 비밀》중에서 -

때로는 내비게이션 없이
목적지를 찾아가라

"사람의 특성과 닮은 구석이 많아서 곤충학자인 파블로프가 좋아한다는 벌레를 동영상으로 보여 드리겠습니다. 어떤 특성이 우리와 닮았는지 찾아볼까요?"

영상은 애벌레 한 마리가 기어가는 모습으로 시작된다. 송충이같이 생긴 놈이 한 마리, 두 마리, 세 마리 뒤이어 같은 생김새의 애벌레들이 꿈틀거리며 앞으로 기어간다. 쐐기벌레라고 불리는 놈인데 앞서가는 애벌레의 꽁무니만 따라가고 있다. 앞서는 애벌레의 뒤를 이어 끊임없이 따라가는 행진이 계속되고, 다른 곳에서 온 쐐기벌레들과 만나서도 결국 하나의 대열로 합류한다. 뒤따르는 놈들은 행여 앞에 있는 놈을 놓칠세라 바짝 따라붙고 단 한 마리도 대열에서 벗어나는 놈을 찾아볼 수 없다. 앞서던 리더 벌레에 문제가 생겨 멈추었을 때에도 다른 길로 가보려는 벌레는 단한 마리도 보이지 않는다. 며칠 후 갈 길을 잃은 놈들은 차곡차곡 쌓여 둥그렇게 뭉쳐진 상태로 다 같이 죽어 커다란 무덤의 형태를 이룬다.

애벌레의 어떤 특성이 사람과 닮았는지 학습에 참여한 사람들의 의견을 모아 봤다.

Q. 왜 아무도 다른 길을 가보려고 하지 않을까요?
- 익숙한 것에 길들어서
- 가보지 않은 길이라 두려워서
- 내가 잘 해낼 수 있을지 의구심이 들어서
- 다른 곳에 가봐야 더 좋다는 보장도 없어서
- 지금 가진 것까지 잃어버릴까 봐
- 혼자 나대고 튀어봐야 시선이 곱지 않으니까
- 내가 뭘 좋아하는지 몰라서
- 내가 한 번 시도해 봐서 아는데 그게 쉬운 게 아니더라

그렇다. 한 번도 가보지 않은 길을 내비게이션 없이 간다는 것은 익숙한 것과의 결별이므로 쉬운 일이 아니다. 게다

가 그 길이 내가 가보고 싶은 길이 아니라면 더더욱 그렇다. 이렇게 우리는 눈으로 봐 알면서도 익숙하게 가던 길을 멈추지 못한다. 그렇게 쐐기벌레의 삶과 닮아간다. 마치 파블로프가 곤충을 관찰하듯 〈트루먼 쇼〉는 인공의 대형 세트장 환경에서 살아가는 주인공 트루먼의 모습을 그린 영화다. 사람들은 이미 설정된 환경과 연출이 만든 세상을 살아가는 트루먼의 일상을 관찰하는 재미에 빠진다. 호기심 많은 트루먼이 세상 밖을 탐험하지 못하도록 아버지가 바다에서 죽었다는 심리적 트라우마를 만들어내며 삶에 개입하고, 연출된 세상에 대한 합리적 의심까지 집요하게 방해한다. 하지만 트루먼은 길들고 익숙해진 환경을 박차고 자기만의 길을 찾아 나서고, 연출자의 달콤한 제안도 뿌리치며 세트장 밖으로 나아간다. 사람들은 더 이상 트루먼을 관찰할 수 없게 되었지만 그의 용기와 결단에 기꺼이 박수를 보낸다.

우리도 한 번쯤 내가 사는 세상을 합리적으로 의심해 볼 필요가 있지 않을까? 지금의 환경은 이미 누군가가 만들어 놓은 세트장은 아닐까? 이 세트장에서 살아가는 지금의 내 모습이 과연 내 삶의 전부일까? 내 주변 사람들이 나의 잠재 능력을 발견하지 못하도록 집요하게 방해한 것이 있지는 않을까?

세트장에 안주하여 희망 없는
행복을 선택한 사람들

트루먼과 달리 장기 불황이라는 세트장에 길들어 도전보다 현실 안주를 택하게 된 일본의 젊은 세대를 '사토리 세대(さとり世代)'라고 한다. 사토리란 마치 득도(得道)한 사람처럼 더 이상 아무것도 탐내지 않고 욕망을 억제하며 다른 세상으로의 도전이나 자신의 잠재 능력을 발견하려는 어떤 시도조차 하지 않고 살아가는 모습을 말한다. 이젠 남의 이야기가 아닌 우리의 이야기가 되었다. 도전으로 스스로를 괴롭히느니 모든 것을 체념한 채 누군가가 만들어 놓은 세트장 속 현실을 그대로 받아들이기로 한 것이다. "희망이 없기에 행복하다."라는 말이 그래서 나왔다. 만약 쐐기벌레들이 〈트루먼 쇼〉처럼 세트장 안에서 살아가는 우리를 관찰한다면 어떨까? 상상컨대 세트장 안의 일상에 길든 사람들이 내비게이션이 가리키는 길로만 오가는 모습을 바라보고 있지 않을까? 쐐기벌레처럼 많은 사람이 몰려가는 곳으로 꼬리를 물고 따라가는 모습만 보게 되지 않을까? 정체된 그 길에서 체념하는 모습을 보면서 본인들과 닮은 꼴을 반갑게 맞이할지도 모를 일이다.

내가 진짜 원하는 길을 찾아보다

치과 의사로 일하다가 다른 길로 접어든 한 사람이 있다. 남들이 검증해놓은 안전한 꽃길을 버리고 가지 않은 길을 걷다 보니 여덟 번의 실패를 맛보며 길을 헤매다 아홉 번째에 이르러 자기만의 목적지에 다다랐다. 간편 송금서비스 '토스' 사업으로 성공한 이승건 비바리퍼블리카 대표의 이야기다. 그는 다니던 길에만 익숙해져 가는 우리에게 이렇게 말한다. "안락한 삶을 좇기보다 진짜 하고 싶은 일을 찾고, 용기 있게 그 일을 하길 바란다. 훨씬 더 행복하다는 걸 발견할 것이다." 그가 창업을 결심한 이유는 남들이 꽃길이라고 정해준 길이 정작 내가 원한 인생이 아니라 남이 원하여 만들어 놓은 길이란 것을 깨닫고부터였다. 군 생활 3년간 책을 읽고 사람을 만나며 자기가 원하는 삶이 무엇인지 고민했다는 것이다.

내비게이션을 끄고
제2의 길을 탐색하는 사람들

내비게이션에 점점 익숙해지고 의존하고부터는 나만의

직감과 호기심으로 새로운 길을 가기란 쉽지 않다. 지금의 환경과 일을 떠나 다른 무엇을 시도하는 것은 그만큼 예측할 수 없다는 점에서 두려움이다. 어느 정도는 예측 가능한 삶을 위해 공무원이나 공기업을 내비게이션의 목적지로 설정해 놓은 사람들도 그만큼 많다. 그래서 많은 사람이 점집을 찾아 불안한 삶의 경로를 물어보곤 하는 것이 아닐까? 그러나 점집을 찾아가 나의 미래를 점쳐보는 것보다 현실적이고 실현 가능한 미래를 준비하는 사람들을 만나 보는 것이 낫다.

미래를 준비하는 사람들 중 대기업에 다니는 어떤 이는 남보다 더 일찍 일어나고 술자리를 줄이는 노력으로 책을 읽고 꾸준히 서평을 쓰고 있었고 자신의 경험을 블로그에 남기며 작가의 꿈을 키워 나가고 있었고, 학생을 가르치는 어떤 선생님은 진로지도에 관한 책을 발간하여 퇴직 후 강연을 꿈꾸고 있었다. 무작정 새로운 길을 가는 것은 아니었고 미래에 하고 싶은 것을 지금도 꾸준히 공부하며 새로운 길을 탐색하고 있었다. 대기업 유통부서에서 인테리어 업무를 하던 내 직장 동료는 휴일을 이용하여 귀농 준비를 시작했고 지금은 부농을 실현했다. 비결을 알아보니 놀랍게도 4년간 꾸준히 야간 대학원을 다니며 IT기술을 접목한 유기농법을 공부했다고 한다. 지금은 자동화된 농법으로 이미 성공적인 1인 기업가가 되었다. 제2의 길을 안정감 있게 가고 있는 사람들의 두 가지 공통점은 지금의 일을 하면서 마음의 안정을 유지하고, 내가 진짜 가고 싶은 나만의 길을 찾아 꾸준히 준비하고 시도한 사람들이었다. 인기 있는 유튜버도 처음부터 조회 수가 많지는 않았을 것이다. 유튜버로 성공한 사람들도 결국 자기가 가고 싶은 길에서 꾸준하게 콘텐츠를 만든 사람들이다.

혼자 다 하려고 하지 마라

매년 수백 명의 기업가를 인터뷰한 경제경영 전문 칼럼니스트 일레인 포펠트(Elaine Pofeldt)는 《나는 직원 없이도 10억 번다》에 혼자서도 10억을 버는 37명의 인터뷰 내용을 실었다. 인터뷰 결과는 그들이 자유롭고 안정적인 삶을 영위하는 배경으로 독립적인 전문가를 구하거나, 외주, 자동화를 통한 업무 분담 방식을 꼽았다.

아이디어를 구현하기 위해 직접 모든 것을 배우려고 시도하다 보면 몇 년이 걸리고 시작하기도 전에 에너지를 소진하게 되므로, 혼자 모든 일을 하고 싶은 충동을 버리라는 것이다. 1인 기업가는 나 혼자만의 독창적인 아이디어가 있어야 한다거나 나 홀로 일하는 사람이라는 생각부터 버려야 한다고 한다. 때로는 팀을 만들고 서로 커뮤니티를 형성하며 필요 시 자원을 아웃소싱하거나 블로그, 페이스북, 유튜브 등 다양한 경로를 활용할 방법을 찾아보는 것이 필요하다는 것이다.

엉뚱한 길을 가보자. 가끔 중부고속도로를 이용하다 보면 1중부, 2중부 길로 갈라지는 곳에서 덜 혼잡한 길을 안내하는 안내판을 볼 수 있다. 사람들은 일제히 그 길로 접어들지만, 결국 그 길이 옆길보다 더 정체되는 길로 바뀌는 경험을 해본 적 있을 것이다.

내비게이션이나 안내전광판이 알려주는 길은 모두가 몰려가는 길이 되기 쉽다. 지금의 내 길이 정체된 길이라면 차라리 엉뚱한 길로 접어들어 보면 어떨까? 조금 더 돌아가는 길일 수도 있지만, 평소 못 보던 멋진 풍경을 발견할 수도 있고, 더 여유롭고 넉넉한 길이 될 수도 있지 않을까?

이미 내가 알고 있는 장소는 남들도 다 아는 목적지다. 그러니 가끔은 의도적으로 모든 안내를 끄고 엉뚱한 길에 들어서라. 가보면 그곳에서 나의 경험과 인식을 뛰어넘는 사람도 만나고, 여태 찾고 있던 진정한 삶의 방향을 찾게 될 것이다.

함현식, 《찌질한 위인전》(위즈덤하우스, 2015)

벤저민 하디, 《최고의 변화는 어디서 시작 되는가》, 김민정 옮김(비즈니스북스, 2018)

조 비테일·이하레아카라 휴 렌, 《호오포노포노의 비밀》, 황소연 옮김(판미동, 2011)

제임스 크리민스, 《도마뱀을 설득하라》, 정수진 옮김(한빛비즈, 2017)

롤프 젤린, 《나는 단호해지기로 결심했다》, 박병화 옮김(걷는나무, 2016)

마크 맨슨, 《신경 끄기의 기술》, 한재호 옮김(갤리온, 2017)

아빈저 연구소, 《상자 안에 있는 사람 상자 밖에 있는 사람》, 이태복 옮김(물푸레, 2004)

박상희·박진아, 《대화의 달인 황희에게 배우는 소통의 철학》(학지사, 2015)

너새니얼 브랜든, 《자존감》, 고빛샘 옮김(비전과리더십, 2009)

개리 해멀·C.K. 프라할라드, 《시대를 앞서는 미래 경쟁 전략》, 김소희 옮김(21세기북스, 2011)

스티븐 코비, 《원칙 중심의 리더십》, 김경섭·박창규 옮김(김영사, 2001)

너새니얼 브랜든, 《자존감의 여섯 기둥》, 김세진 옮김(교양인, 2015)

데이비드 호킨스, 《의식 혁명》, 백영미 옮김(판미동, 2011)

탈 벤 샤하르, 《해피어》, 노혜숙 옮김(위즈덤하우스, 2007)

웨인 W. 다이어, 《행복한 이기주의자》, 오현정 옮김(21세기북스, 2013)

윤홍균, 《자존감 수업》(심플라이프, 2016)

롭 무어, 《머니》, 이진원 옮김(다산북스, 2018)

일레인 포펠트, 《나는 직원 없이도 10억 번다》, 신솔잎 옮김(비즈니스북스, 2018)

브렌든 버처드, 《백만장자 메신저》, 위선주 옮김(리더스북, 2018)

대니얼 길버트, 《행복에 걸려 비틀거리다》, 최인철·김미정 외 옮김(김영사, 2006)

사쿠라이 쇼이치·후지타 스스무, 《운을 지배하다》, 김현화 옮김(프롬북스, 2016)

에릭 사노웨이·메릴 미도우, 《하워드의 선물》, 김명철·유지연 옮김(위즈덤하우스, 2013)

하브 에커, 《백만장자 시크릿》, 나선숙 옮김(알에이치코리아(RHK), 2008)

조 디스펜자, 《브레이킹》, 편기욱 옮김(프렘, 2012)

웨인 W. 다이어, 《확신의 힘》, 김아영 옮김(21세기북스, 2013)

이시다 히사쓰구, 《3개의 소원 100일의 기적》, 이수경 옮김(김영사, 2016)

와타나베 가오루, 《왜 그런지 돈을 끌어당기는 여자의 39가지 습관》, 김윤수 옮김(다산북스, 2014)

기시미 이치로·고가 후미타케, 《미움받을 용기》, 전경아 옮김(인플루엔셜, 2014)

알버트 반두라, 《자기효능감과 삶의 질》, 박영신 옮김(교육과학사, 2001)

알버트 반두라, 《사회적 학습이론》, 변창진 옮김(한국학술정보, 2003)

데니스 라이너, 《신뢰와 배신의 심리학》, 이주일 옮김(시그마프레스, 2001)

케네스 토마스, 《열정과 몰입의 방법》, 장윤재·구자숙 옮김(지식공작소, 2011)

미하이 칙센트미하이, 《몰입의 즐거움》, 이희재 옮김(해냄, 2007)

빅터 프랭클, 《죽음의 수용소에서》, 이시형 옮김(청아출판사, 2005)

맥스웰 몰츠, 《맥스웰 몰츠 성공의 법칙》, 공병호 옮김(비즈니스북스, 2010)

오제은, 《오제은 교수의 자기 사랑 노트》(샨티, 2009)

롭 무어, 《레버리지》, 김유미 옮김(다산북스, 2017)

톰 래스, 《당신은 완전히 충전됐습니까?》, 엄성수 옮김(위너스북, 2015)

스즈키 요시유키, 《자기대화력》, 이시연 옮김(다산라이프, 2008)

사이토 다카시, 《만두와 사우나만 있으면 살 만합니다》, 김윤경 옮김(와이즈베리, 2017)

와다 히데키, 《혼자 행복해지는 연습》, 박선영 옮김(예문, 2016)

도이 에이지, 《그들은 책 어디에 밑줄을 긋는가》, 이자영 옮김(비즈니스 북스, 2017)

조 비테일, 《미라클》, 편기욱 옮김(우현북스, 2018)

알레인 아론, 《타인보다 더 민감한 사람》, 노혜숙 옮김(웅진지식하우스, 2017)

오카다 다카시, 《예민함 내려놓기》, 홍성민 옮김(어크로스, 2018)

이지성·황희철, 《하루관리》(차이, 2015)

이지성, 《리딩으로 리드하라》(차이정원, 2016)

강이든·이다인 외, 《내 마음대로 사는 게 뭐 어때서?》(치읓, 2018)

프리드리히 니체, 《차라투스트라는 이렇게 말했다》, 정동호 옮김(책세상, 2000)

O.G. 만디노, 《위대한 상인의 비밀》, 황성태 옮김(문진출판사, 2002)

리더의 자존감 공부

펴낸날 초판 1쇄 2019년 4월 25일
　　　　초판 2쇄 2019년 5월 31일

지은이 김대식
펴낸이 김현태
디자인 윤소정
마케팅 송세영 이지혜

펴낸곳 해의시간
주소 서울시 마포구 잔다리로 62-1, 3층(04031)
전화 02-704-1251(영업부), 02-3273-1334(편집부)
팩스 02-719-1258
이메일 bkworld11@gmail.com
광고·제휴 문의 bkworldpub@naver.com

등록 1975. 5. 21. 제1-517호
ISBN 979-11-5931-358-5 03190

* 잘못되거나 파손된 책은 구입하신 서점에서 교환해드립니다.
* 책값은 뒤표지에 있습니다.

이 도서의 국립중앙도서관 출판시도서목록(CIP)은 서지정보유통지원시스템 홈페이지
(http://seoji.nl.go.kr)와 국가자료공동목록시스템(http://www.nl.go.kr/kolisnet)에서
이용하실 수 있습니다.(CIP제어번호 : CIP2019012272)